MADRES QUE NO SABEN AMAR

Karyl McBride

Madres que no saben amar

Cómo superar las secuelas provocadas por una madre narcisista

URANO
Argentina – Chile – Colombia – España
Estados Unidos – México – Perú – Uruguay – Venezuela

Título original: *Will I ever be good enough?*
Editor original: Free Press – A Division of Simon & Schuster, Inc., New York
Traducción: María Isabel Merino Sánchez

1.ª edición Octubre 2013

Copyright © 2008 by Dr. Karyl McBride
Ilustraciones: Kitzmiller Design
All Rights Reserved
© 2013 de la traducción *by* María Isabel Merino Sánchez
© 2013 *by* Ediciones Urano, S.A.
Aribau, 142, pral. – 08036 Barcelona
www.edicionesurano.com

ISBN: 978-84-7953-402-8
E-ISBN: 978-84-9944--627-1
Depósito legal: B-21.608-2013

Fotocomposición: Ediciones Urano, S.A.
Impreso por: Rodesa, S.A. – Polígono Industrial San Miguel
Parcelas E7-E8 – 31132 Villatuerta (Navarra)

Impreso en España – *Printed in Spain*

Nota de la autora

Los ejemplos, anécdotas y personajes de este libro están extraídos de mi trabajo clínico, mis investigaciones y mi experiencia vital con personas y acontecimientos reales. Los nombres y algunos rasgos identificadores han sido alterados y, en algunos casos, las personas o las situaciones son una amalgama.

*Dedicado a cinco personas que me enseñaron
la esencia del amor incondicional:*

Nathan Scott
Meggan Marie
McKenzie Irene
Isabella Grace
Flora Teresa

Agradecimientos

Para mí, escribir un libro significaba chocar contra muros de ladrillo, escalarlos, enfrentarme de nuevo a ellos, volver a escalarlos una vez más…, un ejercicio mental de categoría olímpica. Ha sido estresante, pero, sobre todo, una importante labor de amor y, sin duda, una tarea que no se domina en solitario. Aunque decir gracias apenas es suficiente, quiero expresar mi gratitud a las personas especiales que me acompañaron en esta caminata apasionada.

Ante todo, a mis hijos y nietos: Nate y Paula, Meg y Dave, McKenzie, Isabella, Ken y Al. El cariño, la paciencia y el aliento de la familia nunca se puede valorar lo bastante. Os quiero a todos muchísimo.

A mi agente Susan Schulman: tu fe en mí y en este tema me asombraron repetidas veces. Nunca olvidaré tu profesionalidad, amabilidad, trabajo duro y apoyo.

A Leslie Meredith, editora sénior de Free Press: mi gratitud especial por tu entusiasta ayuda editorial, tu agudeza para comprender el material confidencial y tu sincera convicción de la necesidad de este libro.

A Donna Loffredo, asistente de edición de Free Press: gracias, Donna, por tu bondadosa paciencia con mis inagotables preguntas. ¡Siempre oía tu cálida sonrisa por la línea telefónica!

Gracias al personal de Free Press por las fases finales de pulido. Jeanette Gingold y Edith Lewis, vuestro trabajo de corrección del manuscrito fue no sólo detallado y brillante, sino también muy respetuoso.

A Beth Lieberman: tu pericia editorial y tu habilidad para estar ahí son la causa de muchos días de gratitud. Muchísimas gracias por todo.

A otros profesionales que ayudaron con la corrección inicial, propuestas de trabajo, ideas y apoyo: Schatzie, doctora Doreen Orion, Colleen Hubbard, Liz Netzel, Jan Snyder y Laura Belloti. Gracias muy especiales para todos.

A mis colegas de profesión que sacaron tiempo de sus atestados programas para convertirse en lectores: doctor Renee Richker, doctor David Bolocofsky y Linda Vaughan. Fue muy amable por vuestra parte ofrecerme vuestro tiempo y apoyo, cuando sé que todos estáis muy ocupados. Me siento más que agradecida por vuestra aportación profesional.

Al doctor Jim Gregory, muchas gracias por la consulta de la sección dedicada a la salud. Aprecio muchísimo tu tiempo y amabilidad.

A Chris Passerella, el gurú de la Red en Kitzmiller Design, fuiste y eres absolutamente asombroso. Gracias por todo tu tiempo, trabajo técnico y apoyo.

A Chris Segura, de Chris' Computer Consulting, Inc., tu ayuda informática fue siempre oportuna y útil. Gracias por la orientación en formateo en el último momento. Tu paciencia con mi desconocimiento de la informática ha sido un regalo.

Mi agradecimiento especial para las personas que me han ayudado a que siguiera organizada y que arreglaron las cosas que se estaban cayendo a pedazos a mi alrededor: Gretchen Byron, Carolina Dilullo, Helen Laxson, Marv Endes, Frank Martin, Linda Fangman y Jessica Dennis.

Tama Kieves y Peg Blackmore: mi inspiración y mi sistema de apoyo profesional. Ambas estáis llenas de bondad maternal y comprensión exhaustiva.

A mis queridos amigos que me dieron su apoyo con amor, sonrisas, abrazos y aliento: Kay Brandt, Kate Heit, Jim Gronewold, Jim Vonderohe, la brigada de Saccomanno: Franklin (sonrisas del barrio al amanecer), Frank (desde los cascarrabias a las optimistas exageradas y vueltas y más vueltas), Gianna (super-héroe) y Anthony (eres genial). Abrazos electrónicos y gracias a mi colega de quinto curso Jimmy Hirsch.

Mi agradecimiento especial para Ethel Kloos-Fenn, de Applied Research Consultants por su ayuda en la investigación inicial. Te quiero y te extraño Ethel.

Gracias a mis padres por enseñarme la perseverancia, una buena ética de trabajo y a luchar por lo que crees. El «¡Vuelve a montar el caballo!» tuvo mucho efecto.

Y finalmente, mi profundo agradecimiento para las extraordinarias clientas y entrevistadas que dedicaron tiempo y energía emocional a hacerme partícipe de sus historias personales para poder ayudar a otras personas. No puedo dar vuestro nombre, pero sabéis quiénes sois. Este libro no se habría podido escribir sin vosotras y vuestra animosa y atrevida valentía.

Índice

Introducción

Nuestra relación con nuestra madre nace de forma simultánea con nuestra entrada en el mundo. Cuando respiramos por primera vez, exteriorizamos el inicial y dependiente anhelo humano por conseguir protección y amor en presencia de nuestra madre. Somos una con ella en el útero y en la mesa de partos. Esta mujer, nuestra madre, todo lo que es y lo que no es…, nos ha dado la vida. Nuestra conexión en este instante y desde ahora en adelante lleva consigo un peso psicológico tremendo para nuestro bienestar para toda la vida. Por extraño que parezca, yo nunca he querido creer esto.

Para empezar, siendo yo misma una madre de la era feminista, no quería que las madres y las mujeres en general cargaran con tanta responsabilidad y culpa fundamental si las cosas iban mal. Sin duda son muchos los factores, aparte de la crianza, que moldean la vida de un niño. En segundo lugar, no quería enfrentarme al hecho de que sentirme como una niña sin madre tuviera un efecto tan devastador en mí y en mi vida. Reconocerlo equivalía a tener que enfrentarme a ello.

A lo largo de los años, mientras investigaba, he leído muchos libros que hablan del vínculo madre-hija. Cada vez que leía un nuevo volumen, unas lágrimas inesperadas me bañaban las mejillas. Porque no podía rememorar el apego, la cercanía, los recuerdos del perfume de mi madre, el tacto de su piel, el sonido de su voz cantando en la cocina, el solaz de cuando me mecía, abrazaba y consolaba, el estímulo intelectual y el gozo de que me leyera.

Sabía que no era natural, pero no pude encontrar un libro que explicara esta carencia. Me sentía algo demente. ¿Deliraba o sólo era una cría con mala memoria? No pude encontrar un libro que explicara que este fenómeno de sentirse sin madre podía ser algo real y que podía haber madres que no eran maternales. Tampoco pude encontrar un libro que hablara de los sentimientos encontrados que esas hijas tienen hacia esas madres, el amor frustrado, a veces incluso el odio. Como se supone que las niñas buenas no odian a sus madres, no hablamos de estos malos sentimientos. La maternidad es una institución sagrada en la mayoría de culturas y, por lo tanto, no se habla de ella de forma negativa. Cuando decidí escribir un libro sobre las madres que no actúan como madres de sus hijas y sobre el dolor que esto causa a las niñas y a las mujeres adultas, me sentía como si estuviera rompiendo un tabú.

Leer libros sobre el vínculo madre-hija siempre me hacía sentir una profunda pérdida y el temor a estar sola en este sufrimiento. Los expertos escribían sobre la complejidad de la conexión madre-hija, sobre cómo está plagada de conflicto y ambivalencia, pero yo sentía algo diferente: un vacío, una falta de empatía e interés y el no sentirme querida. Durante muchos años, no lo comprendí y traté de racionalizarlo. Otros miembros de la familia y terapeutas bienintencionados lo explicaban mediante diversas excusas. Como una buena chica, intentaba encontrar excusas y cargar con toda la culpa. No fue hasta que empecé a comprender que el vacío emocional era un resultado característico del narcisismo materno cuando las piezas empezaron a encajar. Cuanto más averiguaba sobre el narcisismo materno, más sentido tenían mi experiencia, mi tristeza y mi falta de memoria. Esta comprensión fue la clave para que empezara a recuperar mi propio sentido de identidad, apartada de mi madre. Me volví más centrada y ocupé más de lo que ahora llamo espacio sustancial, dejé de ser invisible (incluso para mí misma) y de tener que inventarme a mí misma sobre la marcha. Si no comprendemos, nos debatimos, cometemos errores, sentimos una profunda falta de valía y nos saboteamos y saboteamos nuestra vida.

Escribir este libro ha sido la culminación de años de investigaciones y un viaje anímico que me devolvió a cuando era una niña que sabía que algo estaba mal, que sentía que la ausencia de amor empático y nutricio no eran normales, pero que no sabía por qué. Escribo este libro ahora con la esperanza de poder ayudar a que otras mujeres comprendan que esos sentimientos no eran ni son culpa suya.

Esto no significa que quiera que culpes a tu madre. No se trata de un viaje para proyectar ira, resentimiento o rabia, sino para comprender. Queremos sanarnos y tenemos que hacerlo con amor y perdón para nosotras y para nuestras madres. No creo en crear víctimas. Somos responsables de nuestra vida y de nuestros sentimientos. Para estar sanas, primero tenemos que comprender qué experimentábamos como hijas de madres narcisistas y, luego, podremos avanzar en nuestra recuperación para que las cosas sean como necesitamos que sean. Sin comprender a nuestras madres y lo que su narcisismo nos hizo, es imposible que nos recuperemos. Nos han enseñado a reprimir y negar, pero tenemos que enfrentarnos a la verdad de nuestras experiencias y saber que nuestro anhelo de crianza y calidez materna no se verá satisfecho y que nuestros deseos y esperanzas de que las cosas sean diferentes no van a cambiar la realidad. De niñas, nos programaron para ver la dinámica de la familia bajo una luz positiva, a pesar de que sabíamos que vivíamos bajo una sombra. Ante los extraños nuestra familia presentaba una buena imagen, pero aunque percibíamos que algo iba mal, nos decían que en realidad «no es nada». Esta clase de entorno y falta de honradez emocionales puede ser demencial. Sonríe, sé bonita y actúa como si todo estuviera bien. ¿Te suena familiar?

Siempre que hablo con otras hijas de madres narcisistas, todavía me sorprendo del parecido de nuestro paisaje emocional interno. Puede que tengamos diferentes estilos de vida y apariencia externa para que el mundo los vea, pero en nuestro interior agitamos los mismos estandartes emocionales. Mi mayor esperanza es que este libro te ofrezca reconocimiento y validación para tus emociones profundas y te permita sentirte completa, sana y auténtica.

Al escribir esta obra, he tenido que librar muchas batallas internas. Primero, tuve que confiar en mi capacidad para hacerlo, ya que soy terapeuta, no escritora. Luego, y con más interés, tuve que hablar con mi madre. Cuando saqué el tema, le dije: «Oye, mamá, necesito tu ayuda. Estoy escribiendo un libro sobre madres e hijas y necesito tus aportaciones, sugerencias y permiso para usar algún material personal». Mi madre, bendita sea, dijo: «¿Por qué no escribes un libro sobre padres?» Por supuesto, le preocupaba ser una mala madre, lo cual era de esperar. De todos modos, me dio su bendición y creo que fue porque trataba de entender que éste no es un libro sobre la culpa, sino sobre la sanación. Tengo que reconocer que quería que dijera muchas cosas como: «¿Hay algo que tengamos que discutir o en lo que tengamos que trabajar juntas?», «¿Sientes dolor por tu infancia?», «¿Hay algo que ahora podamos hacer al respecto?», «¿Podemos sanar juntas?» No sucedió nada de esto, pero después de todos estos años trabajando en mi propia recuperación, sabía que no podía esperar que ella fuera capaz de plantear estas preguntas empáticas. Estaba agradecida por haber podido hacer acopio del valor necesario para mencionarle el libro, lo cual tengo que reconocer que me costó un cierto tiempo. En un momento de mi vida, esta conversación habría sido impensable.

De alguna manera, después de asumir este riesgo, me resultó más fácil avanzar y ser auténtica al hablar de mi propia experiencia, así como de mi investigación. Aunque habría sido emocionalmente seguro escribir con una cierta distancia desde una perspectiva puramente clínica, confío en que mi propia historia, siendo hija de una madre narcisista, te ayudará a saber que te comprendo. Yo también he estado ahí.

He dividido el libro en tres partes que son análogas a mi forma de abordar la psicoterapia. En la primera parte explico el problema del narcisismo materno. En la segunda muestro el impacto del problema, sus muchos efectos y cómo actúa en el estilo de vida de las hijas. La tercera parte es una hoja de ruta para la recuperación.

Te invito a acompañarme para aprender sobre ti misma y sobre tu madre. No siempre será un viaje cómodo y fácil. Vas a emerger de la negación, te enfrentarás a unos sentimientos difíciles, serás vulnerable y encararás unas características propias que quizá no te gusten. Es un empeño emocional. A veces, lo encontrarás divertido. Otras, sentirás una enorme tristeza cuando trates de comprender lo que has experimentado y sanar. Al hacerlo, cambiarás la herencia del amor materno deformado e influirás de forma duradera en tus hijas, hijos y nietos. Al enfrentarte a una reflexión sincera sobre tus patrones vitales, acabarás gustándote más y serás mejor como madre, en tus relaciones y en todo lo demás que hay en tu vida.

La herencia emocional es como la genética; pasa de una generación a otra sin que nadie preste mucha atención. Algunas de esas cosas heredadas son simpáticas y maravillosas y nos sentimos agradecidas y orgullosas, pero otras son desgarradoras y destructivas. Es preciso ponerles fin. Por haber hecho mi propio trabajo para recuperarme de la deformada herencia materna, puedo decir que yo he pasado por eso y puedo ayudarte también a cambiar tu herencia.

Te invito a seguir leyendo conmigo. Siéntate conmigo, habla conmigo, llora conmigo, ríe conmigo. Juntas empezaremos a ocuparnos de la realidad de tu legado emocional. Incluso si siempre ha girado «todo en torno a mamá», ahora te toca a ti. Ahora se trata de ti, ese «tú» que quizá nunca has descubierto o que ni siquiera sabías que existiera.

PRIMERA PARTE

RECONOCER EL PROBLEMA

1

El peso emocional con el que cargas

«Érase una vez una niña que tenía un ricito en mitad de la frente y cuando era buena la criticaban de todos modos.»

Elan Golomb, Ph.D.
Trapped in the mirror (Atrapada en el espejo)[1]

Durante muchos años, dondequiera que fuera, me acompañaba un grupo de severos críticos que hacían que mi vida fuera casi insoportable. No importaba lo que yo tratara de conseguir, ellos siempre estaban ahí, recordándome que no daba la talla y que nunca haría un trabajo lo bastante bueno. Si estaba haciendo la limpieza de primavera o trabajando duro en un proyecto de mejora de la casa, me chillaban: «Esta casa no será nunca lo que tú quieres que sea». Mientras hacía ejercicio, me regañaban: «No importa lo que te esfuerces, tu cuerpo se está desmoronando, y eres una blandengue. ¿No puedes levantar más que ese peso?» Tomaba una decisión económica y me gritaban: «¡Siempre fuiste una retrasada en las matemáticas y ahora eres un desastre en economía!» Mis críticos internos eran especialmente crueles cuando se trataba de mis relaciones con los hombres, y me susurraban cosas como: «¿No te das cuenta de que eres una fracasada? Siempre eliges a los hombres equivocados. ¿Por qué no te rindes?» Y lo más hiriente de todo era que, cuando tenía problemas con mis hijos, declaraban con estridencia: «Lo que has decidido hacer en tu vida ha perjudicado a tus hijos; deberías avergonzarte de ti misma».

Estas voces que no cesaban en su desaprobación nunca me daban un momento de paz. Me arengaban, me criticaban y me degradaban con el mensaje general de que por mucho que yo lo intentara, nunca lo conseguiría, nunca sería lo bastante buena. Creaban una sensibilidad tan extrema en mí que siempre daba por sentado que los demás me juzgaban tan críticamente como yo me juzgaba a mí misma.

Al final, comprendí que esos «críticos» me estaban destruyendo emocionalmente, y tomé la decisión de aniquilarlos; me jugaba mi propia supervivencia. Por fortuna, esta decisión me condujo a la recuperación, así como a mis investigaciones, mi trabajo clínico y a escribir este libro.

Una vez que decidí que los críticos internos tenían que desaparecer, lo primero era averiguar cuál era su origen. Como psicoterapeuta, me dije que probablemente estaban relacionados con la historia de mi familia, pero mis orígenes no parecían problemáticos. Mi familia alardeaba de una sólida herencia holandesa, alemana, noruega y sueca, con una firme ética de trabajo, sin que hubiera personas excesivamente malvadas ni un visible maltrato infantil. Mi negación autoprotectora me recordó que había crecido con un techo sobre la cabeza, ropa para vestir y alimentos para comer. Entonces, ¿cuál era mi problema? Me prometí que lo averiguaría.

¿Por qué estoy tan poco segura de mí misma?

Durante veintiocho años he dirigido sesiones de psicoterapia con cientos de mujeres y familias, lo cual me proporcionaba una experiencia clínica en la que basarme mientras trataba de desentrañar mi propio misterio interior. Había tratado a docenas de mujeres que tenían los mismos síntomas que, finalmente, yo reconocía en mí misma: hipersensibilidad, indecisión, timidez, falta de seguridad en mí misma, incapacidad para tener éxito en las relaciones, falta de confianza a pesar de nuestros logros, y una inseguridad general. Algunas de mis clientas habían pasado años improductivos de terapia con otros terapeutas, o habían comprado montones de libros de autoayuda que nunca parecían concretar lo que causaba su sufrimiento. Mis clientas iban desde ejecutivas y profesionales de éxito con mucho empuje a amas de casa dedicadas a sus hijos, pasando por madres adictas a las drogas, dependientes de la asistencia social, y figuras públicas. Igual que yo, mis clientas siempre habían sentido que faltaba algo crucial en su vida, algo que parecía relacionado con la propia imagen deformada y la inseguridad que atormentaba su vida adulta. Igual que yo, sentían que nunca eran lo bastante buenas:

- «Siempre me cuestiono a posteriori. Vuelvo a revisar una conversación repetidas veces, preguntándome cómo podría haberla llevado de forma diferente, o simplemente para regodearme en mi vergüenza. La mayoría de veces, me doy cuenta de que no hay ninguna razón lógica para que me sienta avergonzada, pero sigo sintiéndome así. Me angustia lo que los demás piensen de mí» (Jean, cincuenta y cuatro años).

- «Con frecuencia, la gente me felicita por mis logros —mi título de máster en comunicaciones, mi exitosa carrera de relaciones públicas, el libro para niños que he escrito—, pero parece que yo no puedo recocerme el mérito que probablemente tengo. En cambio, me flagelo por lo que creo que he hecho mal o que debería haber hecho mejor. Animo mucho a mis amigas; entonces, ¿por qué no puedo hacer lo mismo conmigo?» (Evelyn, treinta y cinco años).

- «Le he dicho a mi marido que, cuando muera, grabe en mi lápida "Lo intentó, lo intentó, lo intentó, lo intentó, y luego murió"» (Susan, sesenta y dos años).

Después de años de estudio y trabajo clínico, empecé a ver que los síntomas debilitadores que compartía con tantas de mis clientas tenían su origen en un problema psicológico llamado narcisismo, específicamente en el narcisismo de nuestras madres. Mucho de lo que yo había leído sobre el narcisismo concernía a los hombres, pero cuando vi cómo lo describían, algo encajó en su lugar. Comprendí que hay madres tan necesitadas emocionalmente y tan ensimismadas que son incapaces de dar un amor incondicional y un apoyo emocional a sus hijas. Vi que las turbulentas relaciones de mis clientas con sus madres, así como mis propias relaciones con la mía, estaban claramente conectadas con el narcisismo materno.

Vi claramente que el elemento crucial que faltaba en la vida de mis clientas inseguras y frustradas, así como en mi propia vida, era el amor empático y nutricio que todas necesitábamos desesperadamente —pero no recibíamos— de nuestras madres. Y probablemente nuestra madre tampoco lo había recibido de la suya, lo cual significa que un doloroso legado de amor deformado se transmitía de generación en generación. Cuanto más averiguaba sobre el narcisismo y la manera en que actúa en la relación madre-hija, más totalmente me comprometía con infundir comprensión, autoconfianza y amor a sí mismas en las hijas de madres narcisistas.

El propósito de este libro es explicar la dinámica del narcisismo materno —y proporcionarte estrategias para superarlo— sin culpar en modo alguno a las madres narcisistas. La sanación se deriva de comprender y amar, no de culpar. Cuando podamos comprender las barreras al amor a que se enfrentaron nuestras madres, unas barreras que tuvieron como resultado su incapacidad para darnos amor, podremos empezar a dar pasos para garantizar nuestro propio bienestar. Tu meta es comprenderte, responsabilizarte de ti misma y sanarte.

En este libro, aprenderás a quererte y también a querer a tu madre. En las primeras etapas del proceso, quizá te sientas profundamente herida, triste, furiosa, incluso colérica. Estas reacciones son normales, son un paso crucial en el camino a la recuperación. Con el tiempo, conforme comprendas mejor el narcisismo materno, podrás abrazar una nueva clase de amor que sustituya al amor deformado que recibiste como hija de una madre narcisista.

¿Por qué centrarnos en madres e hijas?

Tanto los niños como las niñas sufren trastornos emocionales cuando los cría un padre o una madre narcisistas. No obstante, la madre es el principal modelo de conducta que tiene su hija para desarrollarse como individuo, amante, esposa, madre y amiga, y hay aspectos del narcisismo materno que tienden a dañar a las hijas de maneras particularmente insidiosas. Como la dinámica madre-hija es distintiva, la hija de una madre narcisista se enfrenta a una lucha que sus hermanos varones no comparten.

Una madre narcisista ve a su hija, más que a su hijo, como un reflejo y extensión de sí misma, en lugar de como persona independiente, con su propia identidad. Presiona a su hija para que actúe y reaccione ante el mundo y lo que la rodea exactamente de la misma manera como lo haría mamá, en lugar de como a ella le parece bien. Por ello, esa hija está siempre luchando por encontrar la manera «correcta» de responder a su madre para ganar su amor y su aprobación. No comprende que la conducta que agradará a su madre es completamente arbitraria, y está determinada únicamente por el interés egoísta de ésta. Lo peor es que una madre narcisista nunca aprueba a su hija sencillamente por ser ella misma, algo que ésta necesita desesperadamente para poder llegar a ser una mujer segura de sí misma.

Una hija que no recibe validación desde su más temprana relación con su madre aprende que no tiene trascendencia en el mundo y que sus esfuerzos no tienen ningún efecto. Se esfuerza al máximo por conseguir una conexión genuina con su madre, pero fracasa, y cree que el problema de no ser capaz, casi nunca, de agradar a su madre reside en ella misma. Esto le enseña que no es digna de que la quieran. La hija tiene una idea deformada del amor madre-hija; siente que debe «ganarse» una relación estrecha ocupándose de las necesidades de su madre y haciendo constantemente lo que sea para complacerla. Está claro que esto no es lo mismo que sentirse amada. Las hijas de madres narcisistas perciben que su imagen del amor está distorsionada, pero no saben cómo sería la imagen real. Esta ecuación, temprana y aprendida, del amor —complacer a otro sin ninguna recompensa para ella misma— tiene unos efectos negativos, de largo alcance, en sus futuras relaciones amorosas, de las cuales nos ocuparemos en un capítulo posterior.

¿Qué es el narcisismo?

El término narcisismo procede de la mitología griega y la historia de Narciso. Narciso era un joven apuesto, arrogante y egocéntrico, y estaba enamorado de su propia imagen. No podía apartarse de su reflejo en un estanque para relacionarse con otros y, finalmente, su amor a sí mismo lo consumió. Murió contemplándose en el agua. En el uso cotidiano, un narcisista es alguien arrogante, que sólo piensa en sí mismo. En cambio, el amor propio o autoestima significa ahora una valoración y una estima de uno mismo sanas, que no excluyen la capacidad de amar a otros.

El *Manual de diagnóstico y estadístico de los trastornos mentales* (DSM, en sus siglas en inglés) describe el narcisismo como un trastorno de la personalidad que se caracteriza por los nueve rasgos recogidos más abajo. El narcisismo es un trastorno espectral, lo cual significa que existe en un continuo que va de unos cuantos rasgos narcisistas al desorden narcisista de la personalidad en toda la extensión de la palabra. La American Psychiatric Association calcula que hay aproximadamente 1,5 millones de mujeres estadounidenses con un trastorno narcisista de la personalidad. Aun así, el narcisismo no clínico es un problema más generalizado. La verdad es que todos tenemos algunos de esos rasgos y que los que están en el extremo inferior del espectro son perfectamente normales. No obstante, conforme avanzamos por el espectro del narcisismo, nos tropezamos con más problemas.

Éstos son los nueve rasgos del narcisismo, entre los que se incluyen ejemplos de cómo se presentan en la dinámica madre-hija. Los narcisistas:

1. Tienen una idea grandiosa de su propia importancia; es decir, exageran sus logros y talento; esperan que los reconozcan como superiores sin unos logros acordes.

(Ejemplo: la madre que sólo sabe hablar de sí misma y de lo que está haciendo, y nunca le pregunta a su hija sobre ella misma.) Sally detesta presentarle a alguien a su madre, porque nunca deja de hablar de su trabajo como voluntaria en el Hospital para Niños, dando descripciones médicas como si ella misma fuera el doctor. Al oírla hablar, uno pensaría que ha salvado muchas vidas.

2. Están obsesionados con fantasías de éxito, poder, brillo, belleza o amor ideal ilimitados.

(Ejemplo: la madre que cree que su trabajo limpiando casas le aportará un reconocimiento generalizado a través del trabajo de sus clientes famosos.) La madre de Mary habla sin cesar de sus clientes «importantes», de lo mucho que la necesitan y la aprecian y de que cree que no tardarán en contratarla para una película con uno de ellos.

3. Cree que son «especiales» y únicos y que sólo los pueden entender o deberían asociarse con otras personas (o instituciones) especiales, con un alto estatus.

(Ejemplo: la madre que lleva a su familia a cenar fuera y trata a los camareros como si fueran siervos de su reino privado.) Carry dice que resulta muy violento salir a cenar en familia cuando su madre también va, porque actúa realmente como si fuera «la reina del baile».

4. Requieren una admiración excesiva.

(Ejemplo: la madre que exige alabanzas, gratitud y halagos por todo lo que ha hecho alguna vez por ti.) La madre de Jane acude a los partidos de fútbol de su nieto de vez en cuando, pero cuando lo hace, supone que Jane y su familia apreciarán el hecho de que ha sacrificado su tiempo para estar allí. No para de sacar a colación «todo lo que hago por tus hijos».

5. Creen que están en su derecho; es decir, tienen unas expectativas nada razonables de que se les debe un trato especialmente favorable o un cumplimiento automático de lo que esperan.

(Ejemplo: la madre que se cree demasiado importante para hacer cola.) A la madre de Marcy le gustaba apostar, pero cuando iba a los casinos, se hacía de inmediato con una silla de ruedas, aunque era evidente que no estaba discapacitada, para que la llevaran hasta el principio de la cola. En las tiendas de alimentación, se ponía en mitad del pasillo y preguntaba a cualquiera: «¿Podría buscarme esto?»

6. Son explotadores interpersonales; es decir, se aprovechan de los demás para alcanzar sus propios fines.

(Ejemplo: La madre que sólo busca «amigos» que puedan ayudarla a conseguir sus propias metas en la vida.) La madre de Sarah habla de sus amigos según lo que pueden hacer por ella y no por sus buenas cualidades. Recientemente, rechazó a una vieja amiga cuando le diagnosticaron lupus. Temía que su amiga necesitara algo de ella.

7. Carecen de empatía; no están dispuestos a reconocer los sentimientos y necesidades de los demás ni a identificarse con ellos.

(Ejemplo: la madre que repite de inmediato cualquier anécdota que su hija haya contado, señalando la manera correcta de contarla.) Candace no puede hablar en absoluto en presencia de su madre sin que ésta la corrija, la critique o la rebaje de un modo u otro.

8. Con frecuencia envidian a otros o creen que otros los envidian a ellos.

(Ejemplo: la madre que dice que no tiene amigas porque «la mayoría de mujeres tienen celos de mí».) La madre de Sue cree que es guapísima y, por lo tanto, una amenaza para otras mujeres. Con frecuencia, repite el viejo anuncio de L'Oréal en el cual la bella modelo proclama: «No me odiéis porque soy bella».

9. Muestran arrogancia, actitudes o modales altaneros.

(Ejemplo: la madre que cree que sus hijos son demasiado buenos para jugar con otros niños que tienen menos lujos materiales.) La madre de Jackie sólo le permitía relacionarse con niños de familias acomodadas, porque la mayoría de personas no eran lo «bastante buenas» para sus adinerados hijos.[2]

Cada uno de estos nueve rasgos se plasma en conductas que dicen «Todo gira en torno a mí» y «Tú no eres lo bastante buena». Las narcisistas carecen de empatía y son incapaces de mostrar cariño. Parecen tener una vida emocional superficial y su mundo se orienta a la imagen; sólo les interesa el aspecto que presentan ante los demás. Si tu madre exhibe muchos de los anteriores rasgos narcisistas, es posible que sientas que, en realidad, no te conoce porque nunca se toma el tiempo de centrarse en quién eres realmente. Nosotras, las hijas de madres narcisistas, creemos que tenemos que estar ahí, a su disposición —que nuestro papel es atender a sus necesidades, sentimientos y deseos—, incluso de niñas. No sentimos que importemos a nuestras madres en ningún otro sentido.

Sin la empatía y el cariño de su madre, una hija carece de una auténtica conexión emocional y, por lo tanto, siente que le falta algo. Sus necesidades emocionales esenciales no se ven satisfechas. En casos graves de narcisismo materno, donde hay abandono o maltrato, falta el nivel más básico de cuidado por parte de los padres. En casos más leves, las hijas crecen sintiéndose vacías y desposeídas y no comprenden por qué. Mi objetivo es ayudarte a entender por qué te sientes así y liberarte para que te sientas mejor.

Cuando las madres no establecen un vínculo con sus hijas

Conforme vamos pasando por cada etapa del desarrollo, cuando nuestros padres nos nutren y quieren, crecemos sintiéndonos seguras; nuestras necesidades emocionales se ven satisfechas. Pero cuando una hija no recibe este nutrimento, crece sin confianza y seguridad emocionales, y debe encontrar un medio de ganarlas por sí misma; no es una tarea fácil cuando, para empezar, no sabe por qué siempre se siente vacía.

Normalmente, una madre interactúa con su bebé y responde a cada uno de sus movimientos, sonidos y necesidades. Alimenta así un sólido vínculo de confianza y amor. La niña aprende a confiar en que su madre proveerá a sus necesidades físicas, le dará calidez emocional, comprensión y aprobación, lo cual le permitirá desarrollar su independencia. Pero una madre sin comprensión, que no forja un vínculo con su hija, sólo provee para su hija cuando le interesa a ella. La hija aprende que no puede depender de su madre. Crece aprensiva, preocupada por el abandono, esperando que la engañen a cada momento.

Un ejemplo sorprendente del efecto del narcisismo materno se evidencia en un sueño que me contó mi cliente Gayle. Ha sido un sueño recurrente a lo largo de toda su vida; empezó cuando era niña y continuó cuando ya era adulta.

Estoy bailando en un verde prado de verano alfombrado con delicadas flores silvestres y sombreado por árboles majestuosos. Hay un arroyo melodioso que susurra entre la alta hierba. En un claro, veo una yegua hermosa y llena de brío, un animal absolutamente blanco, que está pastando, sin que mi presencia la perturbe. Corro hacia ella llena de alegría, esperando su relincho de apreciación y aprobación cuando le ofrezca la manzana que he cogido de un manzanal cercano. La yegua no me hace ningún caso ni tampoco a la fruta; en cambio me muerde, salvajemente, en el hombro; luego vuelve a pastar con una indiferencia total.

Después de contarme este sueño, Gayle me dijo tristemente: «Si mi propia madre no puede quererme, ¿quién podría?» Gayle acabó comprendiendo que el caballo del sueño representaba su anhelo de una madre de fantasía, la que deseaba tener, así como a su auténtica madre, la que solía apartarse de ella y no respondía a su necesidad de amor y aprobación.

Es un sentimiento humano natural ansiar tener una madre que ame todo lo nuestro de forma total y absoluta. Es normal querer apoyar la cabeza en el pecho de nuestra madre y sentir la seguridad y calidez de su amor y comprensión. Imaginar que ella dice: «Estoy aquí para lo que quieras, cariño», cuando acudes a ella. Todos necesitamos algo más que un techo sobre nuestras cabezas, alimentos para comer y ropa con que vestirnos: necesitamos el amor incondicional de unos padres amorosos en quienes confiemos.

Betty, mi clienta de sesenta años, me contó que sigue deseando haber tenido una buena madre, pero que, pragmáticamente, abandonó la idea hace mucho tiempo. «Solía llorar hasta quedarme dormida, deseando tener esa madre que me quisiera y me hiciera un plato de sopa.»

Cerena, de treinta y cuatro años, una guapa amiga de mi hija, estaba charlando conmigo un día sobre su madre y hablándome además de su terapia. Condensó su intenso deseo de amor materno al decir: «Cuando hablo con mi terapeuta, a veces quiero subirme a sus rodillas, acurrucarme en el sofá con ella, y fingir que es la madre que nunca tuve».

Los sentimientos expresados por Gayle, Betty y Cerena tipifican la añoranza de amor materno que experimentan las hijas de madres narcisistas. Conforme aprendas más sobre el narcisismo materno y cómo recuperarte de sus efectos, conseguirás una sana apreciación y amor hacia ti misma y sabrás cómo llenar ese viejo vacío emocional.

Hola, esperanza... Adiós, negación

En nuestra cultura se sigue idealizando la maternidad, lo cual hace que a las hijas de madres narcisistas les resulte especialmente duro enfrentarse a su pasado. Para la mayoría de personas, es difícil concebir a una madre incapaz de amar y nutrir a su hija y, ciertamente, ninguna hija quiere creerlo de su propia madre. El Día de la Madre es la fiesta más ampliamente respetada de este país, y en ella se celebra a una institución incuestionable. En general, se ve a la madre como alguien que se entrega plenamente a sus hijos, y nuestra cultura sigue dando por sentado que las madres cuidarán de modo amoroso e incondicional de sus familias y que conservarán una presencia emocional perdurable en su vida; que estarán disponibles y se podrá confiar en ellas pase lo que pase.

Aunque para la mayoría de madres resulta imposible cumplir estas expectativas idealizadas, esta imagen coloca a la madre en un pedestal heroico que desalienta las críticas. Por lo tanto, es psicológicamente desgarrador para cualquier niño —o adulto— examinar a su madre y hablar de ella con franqueza. Es especialmente difícil para las hijas cuyas madres no se ajustan en absoluto al angelical arquetipo materno. Atribuir cualquier característica negativa a mamá puede desestabilizar los principios culturales que hemos interiorizado. A las buenas chicas se les enseña a negar o ignorar sentimientos negativos y a cumplir con las expectativas de la familia y la sociedad. Ciertamente, se las desalienta a reconocer cualquier sentimiento negativo respecto a su propia madre. Ninguna hija quiere creer que su madre es insensible, deshonesta o egoísta.

Estoy convencida de que casi todas las madres albergan buenas intenciones hacia sus hijas. Por desgracia, algunas son incapaces de traducir esas intenciones en la clase de apoyo, lleno de sensibilidad, que las hijas necesitan para avanzar en la vida. En un mundo imperfecto, incluso una madre bienintencionada puede ser imperfecta y una niña inocente sufrir daños de forma involuntaria.

Una vez que las hijas empecemos a hacer frente a la dolorosa verdad de que el narcisismo materno sí que existe, podremos comenzar a encarar los perturbadores patrones emocionales que hemos creado a lo largo de nuestra vida. Podrás mirar, valientemente, al pasado y curarte de él afrontando sinceramente estas duras preguntas:

- ¿Por qué siento que no merezco cariño?
- ¿Por qué nunca me siento lo bastante buena?
- ¿Por qué me siento tan vacía?
- ¿Por qué dudo siempre de mí misma?

Podrás sentirte mejor y encontrar un modo de vivir mejor. Podrás comprender lo que el narcisismo materno te hizo y decidir nutrirte a ti misma y sentirte bien tal como eres, a pesar de todo. También podrás impedir que tus hijos padezcan lo que tú sufriste. Cualquier mujer se merece sentirse digna de que la amen. Confío en que cuando comprendas cómo tratan las madres narcisistas a sus hijas y consigas el respaldo de las historias y los consejos que leas, adquirirás la fuerza para liberarte de la añoranza de una madre que nunca tuviste. Por el contrario, podrás nutrir y amar a la mujer en que te has convertido.

Así pues, antes de seguir adelante, por favor contesta las preguntas del cuestionario que hay a continuación, para que tengas una idea más clara del alcance del narcisismo de tu madre. Incluso si tu madre no tiene la totalidad de los nueve rasgos de un desorden narcisista de la personalidad plenamente desarrollado, no hay duda de que su narcisismo te ha hecho daño.

Cuestionario:
¿Tu madre tiene rasgos narcisistas?

Las madres que tienen sólo algunos rasgos pueden afectar negativamente a sus hijas de maneras insidiosas. (Comprueba todos los que encajan en tu relación con tu madre, ahora o en el pasado.)

1. Cuando hablas de tus problemas con tu madre, ¿desvía la conversación para hablar de sí misma?

2. Cuando hablas de tus sentimientos con tu madre, ¿trata de superarlos con los suyos?

3. ¿Tu madre se muestra celosa de ti?

4. ¿Tu madre carece de empatía hacia tus sentimientos?

5. ¿Tu madre apoya sólo las cosas que haces cuando hacen que ella parezca una buena madre?

6. ¿Has sentido constantemente una falta de intimidad emocional con tu madre?

7. ¿Has puesto siempre en duda que le gustes a tu madre o que te quiera?

8. ¿Tu madre hace cosas por ti sólo cuando otros la pueden ver?

9. Cuando te pasa algo (accidente, enfermedad, divorcio), ¿tu madre reacciona por cómo la afectará a ella, en lugar de por cómo te sientes tú?

10. ¿Tu madre es excesivamente consciente de lo que piensan los demás (vecinos, amigos, familia, compañeros de trabajo)?

11. ¿Tu madre niega sus propios sentimientos?

12. ¿Tu madre te culpa a ti o culpa a otros, en lugar de reconocer su responsabilidad por sus propios sentimientos o actos?

13. ¿Tu madre se siente herida fácilmente y carga con un agravio mucho tiempo sin resolver el problema?

14. ¿Sientes que has sido una esclava de tu madre?

15. ¿Sientes que has sido responsable de las dolencias o enfermedades de tu madre (dolores de cabeza, estrés, enfermedades)?

16. ¿Tuviste que hacerte cargo de las necesidades físicas de tu madre cuando eras niña?

17. ¿Sientes que tu madre no te acepta?
18. ¿Sientes que tu madre te critica?
19. ¿Te sientes impotente en presencia de tu madre?
20. ¿Tu madre te avergüenza con frecuencia?
21. ¿Sientes que tu madre sabe quién eres realmente?
22. ¿Tu madre actúa como si el mundo debiera girar en torno a ella?
23. ¿Te resulta difícil ser una persona independiente de tu madre?
24. ¿Tu madre quiere controlar tus decisiones?
25. ¿Tu madre oscila de un humor egotista a otro deprimido?
26. ¿Te parece que tu madre es una farsante?
27. ¿De niña, sentías que tenías que ocuparte de las necesidades emocionales de tu madre?
28. ¿Te sientes manipulada en presencia de tu madre?
29. ¿Te sientes valorada por tu madre en virtud de lo que haces y no de quién eres?
30. ¿Tu madre es controladora, actuando como víctima o mártir?
31. ¿Tu madre hace que actúes de una manera diferente de lo que sientes en realidad?
32. ¿Tu madre compite contigo?
33. ¿Tu madre siempre tiene que hacer que todo sea como ella quiere?

NOTA: todas estas preguntas guardan relación con los rasgos narcisistas. Cuantas más hayas señalado, más probable es que tu madre tenga rasgos narcisistas y que esto te haya causado dificultades como hija y como mujer adulta.

2

El espejo vacío

MI MADRE Y YO

«Una mujer adulta puede buscar y encontrar su propio valor. Puede graduarse en importancia. Pero durante el inestable espacio que va de la infancia a la condición de mujer, una joven necesita ayuda para determinar su valía, y nadie mejor que su madre puede ungirla.»

Jan Waldron
Giving Away Simone[1]

Cuando creces en una familia donde domina el narcisismo materno, al llegar a la edad adulta vives cada día esforzándote al máximo por ser una «buena chica» y hacer lo correcto. Crees que si haces todo lo que puedes para agradar a los demás ganarás el amor y el respeto que ansías. A pesar de ello, sigues oyendo voces internas familiares que expresan mensajes negativos que debilitan tu propio respeto y tu propia confianza.

Si eres hija de una madre narcisista, es probable que hayas oído los siguientes mensajes interiorizados repetidamente a lo largo de tu vida:

- No soy lo bastante buena.
- Me valoran por lo que hago más que por lo que soy.
- Soy indigna de que me quieran.

Cuando has oído, un año tras otro, estos mensajes que te niegan a ti misma, unos mensajes que son el resultado de un nutrimento emocional inadecuado cuando eras pequeña:

- Sientes un vacío en tu interior y una falta general de satisfacción.
- Anhelas estar con personas sinceras y auténticas.
- Tienes problemas con las relaciones amorosas.
- Tienes miedo de llegar a ser como tu madre.
- Te preocupas por si no eres una buena madre.
- Te cuesta mucho confiar en los demás.
- Sientes que no has tenido un modelo de conducta para ser una mujer sana y bien adaptada.
- Percibes que tu desarrollo emocional se ha atrofiado.
- Te cuesta ser una persona independiente de tu madre.
- Te resulta difícil experimentar y confiar en tus propios sentimientos.
- Te sientes incómoda cuando estás con tu madre.
- Te resulta difícil crearte una auténtica vida propia.

Incluso si experimentas sólo algunos de estos sentimientos, cargas con mucha ansiedad y desasosiego. Conforme aprendas más sobre la dinámica madre-hija asociada al narcisismo materno, verás claramente cómo has acabado sintiendo lo que sientes.

En mis investigaciones sobre el narcisismo materno he identificado diez problemas relacionales comunes que se producen entre madres e hijas cuando la madre es narcisista. Puede que te identifiques con todos estos problemas o sólo con algunos de ellos, dependiendo del lugar que ocupe tu madre en el espectro del narcisismo materno, que puede ir desde unos pocos rasgos al trastorno narcisista de la personalidad completo.

Veamos estas diez dinámicas entre madre e hija asociadas al narcisismo materno, a las que me refiero como «los diez azotes». Para que comprendamos mejor cómo actúan estas dinámicas en la vida real, las he ilustrado con ejemplos clínicos extraídos de mi consulta, así como con casos de la cultura popular.

LOS DIEZ AZOTES

1. Tratas constantemente de ganar el amor, la atención y la apro-bación de tu madre, pero nunca te sientes capaz de complacerla.

Las niñas, pequeñas o mayores, quieren agradar a su madre y sentir su aprobación. Desde el principio de la vida, es importante que los niños reciban atención, amor y aprobación, pero esa apro-bación debe ser *para quienes son como individuos*, no para quie-nes sus padres quieren que sean. Pero las madres narcisistas son muy críticas de sus hijas, y nunca las aceptan tal como son.

- Si alguna vez el mundo de la publicidad necesitara producir un anuncio dirigido a las hijas de madres narcisistas, mi clienta Jennifer podría haberles proporcionado la imagen perfecta. Durante nuestra primera sesión, me contó que te-nía ganas de ponerse en una esquina sosteniendo un letrero que dijera: «Trabajaré por amor». Jennifer recordaba que siempre se esforzaba mucho por agradar a su madre, pero una de las anécdotas de su infancia era particularmente re-veladora. Un día, en unos grandes almacenes, vio que su madre sostenía un pequeño y precioso monedero y com-prendió lo mucho que lo quería. Se prometió que, como fuera, lo conseguiría, aunque sólo tenía ocho años y era un monedero caro. Se saltó almuerzos en la escuela durante semanas, hasta que hubo ahorrado el dinero suficiente para comprar aquel elegante monedero para su madre. Lo envolvió con un papel rojo brillante y reservó la sorpresa para Navidad. El día de Navidad, por la mañana, esperó ansiosamente la reacción de su madre ante el regalo, pero se quedó destrozada cuando su mamá la acusó de haberlo robado y lo tiró al otro lado de la estancia, chillando: «¡No quiero ningún regalo de una ladrona!»

- Mindy se describe como «una persona descuidada» y a su madre como «La Señora Retentiva Anal; una maníaca de la limpieza». Me dijo: «Durante años me he esforzado por ser limpia y organizada para conseguir su aprobación, pero yo no soy como ella. En mí domina el lado derecho del cerebro. Intento tenerlo todo ordenado y pulcro, pero el desorden surge en contra de mi voluntad. Supongo que soy del tipo creativo, y a ella no le gustaba. Ahora tengo cincuenta años y todavía, cuando mi madre viene de visita, no puede contener su desaprobación si hay periódicos esparcidos por el suelo de la sala».

- Lynette nunca pudo conseguir la aprobación de su madre. Ésta era una pianista consumada, y Lynette se esforzaba por ser como ella. Aunque dedicó años a estudiar piano y a dar recitales, nunca estuvo a la altura de las expectativas de su madre. «Todavía hoy, mamá chasquea la lengua cuando me equivoco», me contó. Lynette decidió que quizá su elección de pareja conseguiría su aprobación. «Cuando conocí a mi marido, me dije: "Espera a que conozca a este hombre. Le encantará y estará contenta de que lo haya elegido". Confiaba en que lo adorara y que, finalmente, me diera la aprobación que yo necesitaba. Pero cuando lo conoció, me preguntó si yo lo encontraba guapo, porque a ella le parecía un poco tosco y no tan refinado como ella esperaba.»

• Bridget recuerda que le hacía regalos a su madre para demostrarle su cariño. Se sentía especialmente triste respecto a una placa del Día de la Madre que le dio, con la frase «La mejor mamá del mundo» grabada. «La verdad es que a mamá no le gustó. La tuvo colgada durante un tiempo y luego la descolgó y me la devolvió. Dijo que no encajaba en la decoración cuando redecoró la cocina. Todavía la tengo. Al cabo de un tiempo dejé de intentarlo.»

2. Tu madre hace hincapié en la importancia de cómo algo le parece a ella, en lugar de cómo te hace sentir a ti.

«Es mucho mejor tener buena apariencia que sentirse bien» podría bien ser el mantra de una madre narcisista. Presentar buen aspecto ante los amigos, familia y vecinos, en lugar de sentirse bien por dentro, es lo más importante para ella. Una madre narcisista te ve como una extensión suya, y si tú presentas buen aspecto, también lo presentará ella. En la superficie puede parecer que se preocupa por ti, pero en definitiva todo tiene que ver con ella y con la impresión que causa en los demás. Tu aspecto y cómo actúes es importante para ella sólo porque es un reflejo de su propia y tenue valía. Cuando no estás en exhibición y no puedes ser vista por los demás, te vuelves menos visible para ella. Es triste, pero cómo te sientas por dentro en realidad no le importa.

• Constance, de veintiocho años, me dice: «Mi madre interviene en todos los aspectos de mi vida: lo flaca que estoy, la ropa que llevo, el color de pelo acertado, incluso mi profesión. Nunca he estado gorda, pero a los doce años me hizo tomar píldoras adelgazantes y empezó a maquillarme cuando yo tenía quince años, con la explicación: "Los hombres abandonan a las mujeres que no se cuidan". Cuando estoy en desacuerdo con su gusto, me degrada y me critica. Incluso ahora que soy adulta, cuando voy a su casa me aseguro de tener el "aspecto que mi madre quiere". Me mato de hambre durante las dos semanas anteriores a la visita para estar lo bastante delgada».

- Gladys contó algunos momentos de su infancia cuando su madre trataba de ser una buena madre. «Pero no podía simplemente abrazarme para consolarme. Una vez no me eligieron en una prueba para una obra de teatro en el instituto y estaba con el ánimo por los suelos. Sólo necesitaba que me abrazaran. Creo que ella se sentía mal por mí, pero no podía sintonizar con mis sentimientos. En cambio, hizo algo de lo más extraño. Fue y me compró unas botas go-gó y me anunció orgullosamente que, si me sentía mal por dentro, por lo menos podía tener buen aspecto al ir a la escuela al día siguiente. Ahora me pregunto si no fue ella la que se sintió avergonzada cuando no me eligieron en la audición.»

3. *Tu madre tiene celos de ti.*

Las madres suelen estar orgullosas de sus hijos y quieren que brillen. Pero una madre narcisista quizá perciba a su hija como una amenaza. Tal vez habréis observado que cuando atraéis la atención, quitándosela a vuestra madre, sufrís represalias, desprecios y castigos. Una madre narcisista puede estar celosa de su hija por muchas razones: su aspecto, sus posesiones materiales, sus logros, su educación, incluso su relación con el padre. Estos celos son especialmente difíciles para la hija, porque llevan un doble mensaje: «Ten éxito para que tu madre esté orgullosa, pero no demasiado o la eclipsarás».

- Samantha siempre ha sido la más menuda de la familia. Dice que la mayoría de sus parientes tienen sobrepeso, incluyendo su madre, que es obesa. Cuando Samantha tenía veintidós años, su madre sacó su ropa del armario y la tiró al suelo de la habitación, exclamando: «¿Quién puede llevar una talla treinta y cuatro en estos tiempos? ¿Quién te crees que eres? Debes de ser anoréxica, será mejor que te consigamos ayuda».

- Felice, treinta y dos años, me dijo: «Mi madre siempre quería que estuviera guapa, pero no demasiado. Yo tenía una cinturita preciosa, pero si me ponía un cinturón que me definía el talle, me decía que parecía una puta».

- Mary me contó con tristeza: «Mi madre me dice que soy fea, pero luego espera que salga ahí fuera y esté divina de la muerte. Fui candidata a reina del *homecoming** y ella se mostró muy orgullosa ante sus amigas, pero luego me castigó. Es un mensaje demencial: ¿mi auténtico yo es feo, pero se supone que tengo que fingir en el mundo real? Sigo sin entenderlo».

- Cuando Addie estaba en el instituto, le atraía hacer una carrera de modelo y empezó a indagar en escuelas y programas para la profesión de modelo. Consiguió algunos trabajos divertidos para los grandes almacenes locales y estaba entusiasmada por hacer algo que le encantaba. No obstante, los celos de su madre se interpusieron en los sueños de Ad-

---

* *Homecoming* es una fiesta estudiantil que se celebra al comienzo del año académico y a la que asisten antiguos alumnos. Entre las actividades hay un desfile y la elección de la reina. *(N. de la T.)*

die. La madre entró en Internet, encontró algunos concur-
sos de belleza para mujeres de más de cuarenta años y le pi-
dió a su hija que la inscribiera. Addie lo hizo y su madre
ganó uno de los concursos. La postal de Navidad del año si-
guiente era una foto de la madre en el concurso de belleza
con un texto que había escrito sobre que nunca eres dema-
siado vieja para hacer lo que quieres en la vida. Addie nunca
le dijo nada a su madre, pero estaba profundamente decep-
cionada y avergonzada. Nunca llevó adelante su propia am-
bición de hacer un curso de modelo, porque la competencia
con su madre resultaba demasiado abrumadora. Al recor-
dar este incidente en la terapia, Addie dijo con tristeza:
«Nunca llegó a tener nada que ver conmigo».

- Laura, cincuenta años, era la hija más joven de la familia y te-
nía una estrecha relación con su padre. «Pero mamá no que-
ría que estuviera con él; era como si estuviera celosa de nues-
tra relación porque necesitaba ser el centro de atención.
Decía cosas como "Quieres a tu padre y no a mí, y harás cual-
quier cosa por él".» Creo que lo que la madre de Laura quería
decir realmente era que se sentía amenazada por la atención
que su marido le mostraba a su hija. Laura me contó que en
una ocasión su madre les tiró piedras, a ella y a su padre,
cuando estaban plantando flores juntos en el jardín.

4. *Tu madre no apoya tus saludables expresiones de identidad, en
especial cuando entran en conflicto con sus propias necesidades o
cuando la amenazan.*

Cuando los niños crecen, necesitan poder experimentar cosas
nuevas y aprender a tomar decisiones sobre lo que les gusta y lo que
no les gusta. En parte, es así como desarrollamos nuestro concepto
de identidad personal. Cuando las madres son narcisistas, controlan

los intereses y las actividades de sus hijos para que giren en torno a lo que ellas encuentran interesante, conveniente o no amenazador. No alientan lo que sus hijas quieren o necesitan de verdad. Esto puede extenderse incluso a la decisión de una hija de tener un hijo.

- En la película *La fuerza del cariño*, la familia está sentada a la mesa cuando la hija anuncia que está embarazada. Su madre suelta un grito y sale corriendo de la habitación, diciendo que no está preparada para ser abuela. Está claro que el embarazo de la hija no tiene nada que ver con ella; tiene que ver con la madre.[2]

- Como en la hija de la película, la capacidad de Jeri para expresarse se veía inhibida por la incapacidad de su madre para ver más allá de sus propias necesidades. Jeri siempre tuvo dotes artísticas de niña y empezó a ganar premios por sus obras en tercer curso. Más tarde, ganó un premio por un cuadro, que incluía una beca completa para una escuela de arte, pero nunca la aprovechó. «Nunca llegué a usar la beca —me dijo Jeri— porque mi madre no quería llevarme a la escuela en coche. Pensaba que era una complicación.»

- Rubi tenía muchas ganas de participar en diversas actividades escolares, pero cuando consiguió el papel principal en el musical de la escuela, su madre se puso furiosa. «No tienes tiempo para ir a todos esos ensayos. No podrás hacer todo lo que tienes que hacer aquí», le gritó. La madre obligaba a Ruby a realizar todas las tareas de la casa antes de ponerse a hacer sus deberes, y memorizar el texto de la obra. Le puso muchas trabas durante todo el periodo de ensayos, pero cuando llegó la noche del estreno y Ruby hizo un buen papel pese a su madre, dio una gran fiesta para sus propios amigos para celebrar a «mi hija, la estrella». Sin embargo, no invitó a ninguno de los amigos de Ruby a la fiesta y, de un modo u otro, olvidó decirle a su hija que había hecho un buen trabajo.

- Una madre puede sentirse tan amenazada por el éxito de su hija que ni siquiera asista a su graduación. María me contó que su madre le dijo que no podría asistir a la graduación, con la excusa de que hacía demasiado calor. María no se sorprendió; su madre nunca había compartido con ella nada del dinero del fondo fiduciario que su difunto padre había dejado, sino que lo había utilizado para ella, en lugar de ayudar a su hija a pagar la universidad, lo cual había sido la intención de su padre. «Tuve que trabajar como una esclava para acabar la universidad, y ella nunca me dio ni un céntimo», me contó María.

5. *En tu familia todo gira en torno a mamá.*
Aunque «Todo gira en torno a mamá» es uno de los temas centrales de este libro, he añadido aquí esta frase hiriente para ilustrar algunos ejemplos específicos de cómo actúa en la relación madre-hija. Las madres narcisistas son tan egocéntricas que no se dan cuenta de cómo afecta su conducta a los demás, en particular a sus propios hijos. Mi propia madre puso en juego, recientemente, esta quinta dinámica, pero esta vez yo sabía cómo manejarla. Cuando estaba luchando por cumplir el plazo de entrega de este libro, mi madre quería que fuera a visitarlos, a ella y a mi padre, en su nueva casa. No sólo acababan de venir a verme a mi casa, sino que, como le expliqué, en aquellos momentos yo estaba muy ocupada escribiendo, además de ocuparme de una consulta a jornada completa. Le dejé claro que me iría mejor después de haber adelantado el trabajo para el libro. Su respuesta fue: «Todos tenemos metas y no llegamos a cumplirlas todas. Tienes que empezar a hacer algunas de

las cosas que hace la gente corriente». En otras palabras, no importaba qué cosas importantes pasaban en mi vida en aquel momento; se trataba de lo que ella quería que yo hiciera: ir a verla. En el pasado, habría hecho lo que mi madre quería, sin tener en cuenta cómo me iba a mí, a mi programa de trabajo o a mi economía. ¡Gracias, Dios mío, por mi recuperación! Esta vez, me mantuve firme y le dije que iría a verla cuando me fuera bien.

- Sophie se sintió muy aliviada después de ver al médico por su depresión, que duraba desde hacía meses y estaba afectando a todos los aspectos de su vida. El médico le había recetado antidepresivos y, por vez primera en mucho tiempo, confiaba en que pronto se sentiría mejor. Le dijo a su madre que iba a empezar a tomar Prozac y le enseñó el frasco con el medicamento. La madre se lo arrebató y tiró las pastillas a la basura diciendo: «¿Cómo puedes hacerme esto? ¿Tan mala madre he sido?»

- «Todo gira en torno a mamá» puede manifestarse en exhibiciones bastante obvias de competencia materna. La madre de Penny usurpaba el centro de atención que debería haberle correspondido a su hija antes de su boda. «Había visto un precioso azucarero y jarrita para nata, de plata, en una tienda del barrio y le dije a mi familia que pensaba comprármelos con el dinero que nos habían dado como regalo de boda. Pero cuando, a la semana siguiente, volví a la tienda para comprarlos, habían desaparecido. No pensé más en ello hasta la mañana de Navidad, cuando abría los regalos con mi familia. Mi madre había recibido aquellos mismos azucarero y jarrita como regalo de mi padre. Resulta que lo había enviado a la tienda de la que les había hablado, para que se lo comprara a ella. Luego, para colmo, utilizó aquel juego de plata para eclipsarme en una fiesta antes de la boda. En el sur de Estados Unidos es costumbre ofrecer, antes de la boda, un té y preparar una mesa para exhibir los regalos de boda que has recibido. Mi madre llegó al extremo de disponer una mesa propia. Después de que la gente mirara mi mesa, mi madre decía: "Venid a ver el juego de azucarero y jarrita que tengo". Nunca se dio cuenta de cómo me afectaba su competitividad.» La madre de Penny llega a extremos increíbles para demostrar que todo gira en torno a ella.

- La madre de Patricia es de Nueva York, y tiene el acento distintivo de esa ciudad. «Siempre que no quiere hablar de algo que yo saco a colación, porque lo que quiere realmente es hablar de sí misma, me echa esa conocida mirada y dice: "*What eva*"*, y luego se lanza directamente a una diatriba sobre *su* situación y sus sentimientos.» La frase de la madre de Patricia es rápida y cortante.

- Una madre narcisista que lo ve todo según le afecta a ella puede malinterpretar incluso la conducta de un niño pequeño. En la película *Retrato de April*, la madre (Patricia Clarkson) describe cuánto odia a su hija April (Katie Holmes). Dice: «Hasta me mordía los pezones cuando la amamantaba».[3] Imaginemos a la niñita diciendo: «Oh, mami, no quería hacerlo. Sólo tenía unos meses».

6. *Tu madre es incapaz de empatizar.*
   La falta de empatía es el sello de las madres narcisistas. Cuando una hija crece con una madre incapaz de sentir empatía, siente

---

* *What eva* igual a *whatever*. Se podría traducir por «lo que tú digas», es decir, «¿y a mí qué?» (*N. de la T.*)

que no tiene importancia; sus sentimientos quedan invalidados. Cuando esto le pasa a una chica, a una joven o incluso a una mujer adulta, con frecuencia deja de hablar de sí misma o sintonizar con sus propios sentimientos.

- Alice estaba destrozada por su divorcio, y su madre no paraba de presionarla para conocer los detalles, lo cual no ayudaba en nada. Le preguntaba: «¿Quién se queda con la casa? ¿Qué hay de la custodia? ¿A qué abogado has contratado?» A regañadientes, la hija respondía a todas las preguntas, pero cuando trataba de expresar cómo se sentía a causa del divorcio, su madre no quería saber nada. Sólo se centraba en qué pensión debía pedir Alice y qué debía hacer el abogado. Incapaz de sintonizar con el dolor emocional de su hija, la madre hacía que sintiera que no tenía ninguna importancia. Alice se preguntaba constantemente: «Pero ¿qué hay de cómo me siento? ¿Acaso importo?»

- A lo largo de la película *Postales desde el filo*, la hija, Suzanne (Meryl Streep), está furiosa con su madre, Doris (Shirley MacLaine), que no puede reconocer su dolor ni empatizar con él. Por ejemplo, cuando Suzanne empieza un programa de rehabilitación para superar su drogodependencia, lo único de que puede hablar su madre es de su pelo, de su maquillaje y de cómo está decorada la habitación, cualquier cosa menos cómo el hecho de dejar las drogas puede estar afectando a su hija. Cuando Suzanne termina la rehabilitación, Doris da una fiesta, ostensiblemente para su hija, pero sólo invita a sus propios amigos. En la fiesta, el cisma entre madre e hija se pone de relieve cuando Doris le pide a Suzanne que cante una canción y ella elige «You Don't Know Me» (No me conoces). Entonces Doris ocupa el escenario y humilla a su

hija cantando «I'm Here» (Estoy aquí), refiriéndose clara-
mente a que estaba allí, para ayudar a su hija, durante aquel
atroz año de rehabilitación. En esta desdichada fiesta, Suzan-
ne canta finalmente «I'm checking out of this heartbreak ho-
tel»[4] (Me voy de este hotel de sufrimiento). Lo que esta hija
necesitaba hacer era, exactamente, marcharse del mundo de
su madre, en el cual no existía la empatía.

Recuerdo un momento de mi propia recuperación del narci-
sismo materno en que comprendí plenamente que mi madre no
quería saber nada de mí. Sin embargo, yo persistía en hablar con
ella por teléfono para decirle cómo me iba, obligándola rebelde-
mente a escucharme. Con frecuencia, ella esperaba a una pausa
en la conversación y le pasaba el teléfono a mi padre. A veces, yo
lo cronometraba, calculando cuánto tiempo podría hablar antes
de que se oyera la voz de mi padre al otro extremo. Incapaz de
empatía, mi madre tenía que apartarse y ceder su papel temporal-
mente a mi padre. Después de que rompiera otro récord al pasar-
me a mi padre cuando sólo habían transcurrido unos segundos,
decidí no seguir intentándolo. Tenía la prueba y no tenía ningún
sentido hacer que las dos nos sintiéramos mal.

7. *Tu madre no puede afrontar sus propios sentimientos.*
    A los narcisistas no les gusta tratar con sentimientos, inclu-
yendo los propios. Muchas hijas con las que he trabajado crecie-
ron negando o reprimiendo sus verdaderos sentimientos a fin de
mostrar la actitud que sabían que su madre quería ver. Estas mu-
jeres describen a sus madres diciendo que se vuelven «frías como
el hielo» o «se hacen humo» cuando se hablaba de sentimientos.
Algunas dicen que su madre sólo puede expresar enfado, lo cual
hace a menudo. Cuando el registro emocional de una madre se li-
mita a frío, neutro o enfadado, y no se permite ni permite que su

hija exprese sus auténticos sentimientos, las dos tendrán una relación superficial con muy poca conexión emocional.

- Brenda me dice: «Mi madre se enfrenta a los sentimientos como un huracán. A su paso todo queda destruido. Chilla y suelta muchas palabrotas. La culpa siempre la tiene otro. No hace frente a sus propios sentimientos».

- Helen realizaba un maravilloso viaje por Europa después de graduarse en la universidad. Había conocido a un hombre y pensaba en casarse con él. Llamó entusiasmada a su madre en Estados Unidos para hablarle de lo que sentía. La madre dijo: «No quiero hablar de esto», y le colgó el teléfono. Hasta el día de hoy, Helen sigue preguntándose qué pensaba su madre. Sin embargo, aunque ya es cuarentona, nunca le ha preguntado sobre este incidente tan cargado emocionalmente. Aprendió temprano en la vida que no tenía que sacar a colación cuestiones de «sentimientos».

- Stacy tenía muchas ganas de hablar de su infancia con su madre, algo que nunca había podido hacer, porque ésta se ponía furiosa. Pero había estado haciendo terapia y había dado grandes pasos hacia su recuperación. Planeaba tener una larga conversación con sus padres cuando vinieran de visita a la ciudad. Esta vez, sentía que los cambios que había experimentado la ayudarían a comunicarse de un modo diferente con su madre. En el jardín, charlando sobre los niños y la barbacoa familiar que harían ese mismo día, Stacy le dijo a su madre que le gustaría hablar abiertamente con ella, tal como hacía ella misma con sus propios hijos, pero en cuanto mencionó los sentimientos de la infancia, su madre empezó a irse por las ramas y a obsesionarse por arrancar las hierbas del jardín. En lugar de enfadarse, se cerró en banda y se metió dentro de sí misma, dejando a Stacy prácticamente sola. Después de unos incómodos momentos de silencio, Stacy y su madre volvieron a hablar de la comida para la reunión familiar, como si no hubiera pasado nada. Cuando Stacy me lo describió en la sesión de terapia, le pregunté qué había sentido. No encontró las palabras, pero las lágrimas rodaron por sus mejillas y se quedó muy quieta durante unos minutos. Luego, suspiró y dijo: «No existo; con ella no puedo existir».

Stacy vio que su madre no podía abordar sus propios sentimientos ni tampoco los de su hija, y que la distancia emocional entre las dos era realmente insalvable.

8. *Tu madre te critica y enjuicia.*
Es muy difícil que un adulto supere que, cuando era niño, lo criticaran o lo juzgaran constantemente. Nos volvemos sensibles en extremo a cualquier cosa. Con frecuencia, las madres narcisistas critican y enjuician debido a la fragilidad de su propio yo. Usan a sus hijas como chivos expiatorios a causa de lo mal que se sienten consigo mismas, y las culpan por su propia infelicidad e inseguridad. Los niños —y a veces los adultos— no entienden que la razón de que mamá sea tan crítica es que se siente mal consigo misma; por ello, en lugar de reconocer que la crítica es injusta o producto de la frustración de su madre, la absorben («Debo de ser mala o mi madre no me trataría así»). Estos mensajes negativos de nuestra primera infancia se interiorizan —creemos que son verdad— y nos causan grandes dificultades más adelante en la vida. Las críticas de una madre narcisista crean en la hija un profundo sentimiento de «nunca soy lo bastante buena». Es increíblemente difícil librarse de él.

- Las únicas cualidades de Marilyn eran pasadas por alto por su madre, que sólo se centraba en —y criticaba— lo que percibía como defectos de su hija. La madre bailaba bien y valoraba a las personas que eran «musicales», en particular las que sabían bailar bien. Envió a Marilyn a clases de ballet y claqué en cuanto empezó a caminar y hablar. Pero la niña era cantante, no bailarina. «Mamá me dijo que era imposible enseñarme, que era una patosa. Se lo decía incluso a sus amigas y recuerdo que se reían. Aunque era buena cantando, lo único que ella decía era "Lástima que no sepa bailar".»

- Cuando Sharon se casó por tercera vez, tenía miedo de anunciárselo a sus padres porque sabía que su madre se mostraría desconfiada y crítica. Cuando les dio la emocionante noticia, su madre dijo: «Yo podría salir en el *Guinness*. Podría decirles que tengo sólo una hija, pero tres yernos». Sharon lloró casi toda la hora de consulta cuando me contó esta historia, y tengo que admitirlo, yo lloré con ella.

- Ann me contó, durante la terapia, que se esforzaba mucho por ser independiente, pero que su madre ha influido en cómo ve el mundo y lo que siente sobre ella misma. «No tengo confianza en mis aptitudes. Me parece que mi madre siempre me está vigilando y que si cometo el más mínimo error es como si ella estuviera allí, juzgándome. Todo lo que hago incluye una parte de "¿Qué pensaría mamá?" Es una voz permanente dentro de mi cabeza.»

- Chris me dijo que tenía miedo de invitar a su madre a su boda. «Mi madre cree que lo sabe todo y es muy crítica y enjuiciadora. Me temía que en un momento de silencio en la boda dijera: "Les doy dos años".»

9. *Tu madre te trata como a una amiga, no como a una hija.*

En una relación madre-hija sana, la madre actúa como tal y cuida de la niña. La hija debe poder confiar en su madre para su nutrimento, no al revés. Durante los años de crianza, las dos no deberían ser amigas ni iguales. Pero como, por lo general, las madres con rasgos narcisistas no recibieron una crianza adecuada, por dentro son como niñas necesitadas. En sus propias hijas tienen un público cautivo, una fuente incorporada de la cual conseguir la atención, el afecto y el cariño que anhelan. Como resultado, con frecuencia se relacionan con sus hijas como si fueran sus amigas más que su progenie. A veces, el único medio que tiene la hija para ganar puntos con su madre es ser una amiga que la apoya. Es posible que caiga en el papel de amiga voluntariamente, sin siquiera darse cuenta, hasta mucho más tarde, de que hay algo que está muy mal en ese arreglo.

- Desde que Tracy puede recordar, su relación con su madre ha sido como si fueran las mejores amigas. Dice: «Sólo tenía doce años y ya andaba con mi madre y sus amigas. Les cortaba el pelo a sus amigas y nos poníamos a dieta todas juntas. Mi madre y yo estábamos totalmente inmersas la una en la otra. Ella me lo contaba todo sobre sus amigas, sobre mi padre y la relación entre ambos, incluyendo la parte sexual. No importaba que yo me sintiera incómoda oyendo todo aquello. Ella necesitaba que estuviera allí, pendiente de ella».

- La madre de Cheryl era madre soltera y salía constantemente. Cuando volvía a casa después de una cita, le contaba a su hija todo lo relativo al hombre con el que había salido, lo que hacían y lo que sentía hacia él. «Toda la vida de mi madre giraba en torno a sus citas, y yo tenía que escuchar cada aventura. La verdad es que yo quería que se ocupara de mí y de lo que yo estaba haciendo, pero siempre teníamos que hablar de sus novios y de su vida emocional.» Cheryl también dijo que su madre la dejaba con una niñera la mayor parte del tiempo y no se molestaba en asistir a ninguna de sus actividades escolares. «Ni siquiera sabía con quién salía yo ni en qué participaba en la escuela, pero yo lo sabía todo de su vida social.»

Hay muchos temas adultos a los que no se debería exponer a los niños. Hay que permitir que los niños sean niños, que se centren en las cosas que les importan, y no se les debería cargar con las preocupaciones de los adultos. Los padres narcisistas involucran a sus hijos prematuramente en el mundo adulto. Una madre narcisista que constantemente le confía a su hija las dificultades que tiene en su relación con su marido, por ejemplo, no comprende lo doloroso que esto puede ser para la niña. La hija sabe que comparte rasgos con su padre igual que con su madre; por ello, una niña pequeña, interpreta las críticas a su padre como críticas a ella misma. Es preciso dejar que la hija dependa de ambos padres, pero cuando una madre comparte intereses adultos con su hija, se vuelve imposible mantener una dependencia sana; la hija de siente insegura y sola porque no puede depender ni de su padre ni de su madre. También se siente culpable por no poder solucionar el problema del matrimonio de sus padres ni las dificultades de su madre. De nuevo, el mensaje interno que le queda es: «No soy lo bastante buena (porque no puedo solucionar los problemas de mamá)». En la segunda parte, veremos cómo más adelante en la vida, este mensaje de autonegación afecta a las relaciones amorosas de una hija.

10. *No tienes límites ni privacidad ante tu madre.*

Separarte emocionalmente de tu madre al ir creciendo es fundamental para tu crecimiento psicológico, pero una madre narcisista no permite que su hija sea un individuo distinto. Por el contrario, la hija está ahí para satisfacer las necesidades y deseos de la madre. Esto crea un problema importante para la hija. No hay límites ni privacidad en la vida familiar. La madre puede hablarle de todo, sin importar lo inapropiado que sea y contarle a otros cualquier cosa sobre su hija, sin que importe lo embarazoso que pueda ser. Por lo general, la madre narcisista no tiene ni idea de lo mal que está hacerlo y de lo malsano que es para su hija. Para la madre, su hija es sencillamente una prolongación de sí misma.

- La madre de Cheryl se pasó de la raya cuando ésta retomó el contacto con una amiga del instituto. «Estaba tan entusiasmada por encontrarme con mi amiga y ver qué había estado haciendo en su vida de adulta. Habíamos sido muy amigas desde que empezamos hasta que acabamos en el instituto y luego dejamos de estar en contacto. Ella había perdido mi número de teléfono, pero buscó a mis padres en la guía. Mi madre contestó a su llamada y habló con ella mucho rato, asegurándose de alardear ante ella de que yo era médico. Pero también se apresuró a informarla de detalles sórdidos de mis relaciones amorosas fracasadas. Cuando, finalmente, hablé con mi amiga, lo primero que me preguntó fue sobre mis relaciones. Sentí una vergüenza y un embarazo instantáneos, y que mi madre había violado mi intimidad. ¿Por qué no había dejado que fuera *yo* la que le hablara a mi amiga de mi vida y de los problemas que había tenido, que fuera *yo* la que le explicara lo que había pasado de verdad y por qué?»

- La madre de Marion viola su espacio físico real usando una llave de su casa y entrando sin avisar, de vez en cuando, para comprobar cómo lleva la casa su hija. Luego le deja notas desagradables. La última decía: «¿De verdad te eduqué para que fueras tan dejada? ¡En esa nevera podría haber bichos! ¿Qué tal si usamos el moho para hacer penicilina?»

- La madre de Ruth no conoce límites cuando se trata de los chicos con los que sale su hija. «Mi madre los abraza, los besa, incluso se acuesta con ellos, si yo rompo con ellos. Una vez, estaba en mi fiesta de cumpleaños y empezó a ligar con mi ex novio delante de todos mis amigos. ¡Y ella todavía estaba casada! Cuando me enfrenté a ella, dijo: "Bueno, me ha pedido que vaya a casa con él y le he dicho que no". Le dije: "Gracias, mamá, por ser tan considerada".»

- En su absorbente novela *Places to Look for a Mother,* Nicole Stansbury describe la falta de privacidad cuando la madre, haciendo caso omiso de las necesidades de su hija, cree que puede entrar en el baño, incluso mientras su hija lo está usando. La hija dice: «Siempre entras en el baño. No podemos poner cerrojos. Nunca llamas». La madre replica: «No es extraño que me pase todo el día en ascuas, no es extraño que sea un manojo de nervios. No puedo hacer nada, no puedo mover un dedo sin que me acusen. No sé qué tienes miedo de que vea, ni cuál es el gran secreto. Ni siquiera tienes todavía vello *púbico*».[5] Esta madre no sólo no respeta los límites y la privacidad de su hija, sino que la culpa de su propia conducta irrespetuosa.

Para llegar a ser una mujer sana, madura e independiente, una hija necesita sentir que tiene una identidad independiente, separada de su madre. Las madres narcisistas no lo comprenden. Su propia inmadurez y sus necesidades no satisfechas bloquean la sana individuación de su hija, lo cual atrofia su desarrollo emocional.

¿Dónde estoy yo en el espejo?

Lo triste es que, debido a los efectos perjudiciales de estos diez azotes, cuando la hija de una madre narcisista busca su propia imagen en el espejo, le cuesta verse. Por el contrario, su identidad es un mero reflejo de cómo la ve su madre, y se muestra, con demasiada frecuencia, con una luz negativa.

En cada etapa de desarrollo, las hijas no pueden evitar interiorizar los mensajes y sentimientos negativos que sus narcisistas madres les han transmitido a lo largo de los años. Quizás hayas olvidado sucesos o traumas concretos, pero seguramente habrás memorizado los mensajes autodestructivos. Nosotras, las hijas, los llevamos a la vida adulta: crean patrones emocionales y conductuales inconscientes que nos causan problemas y que pueden ser muy difíciles de superar. Estos mensajes se pueden silenciar una vez que comprendas su origen e influencia y trabajes para formular tus propias y sanas opiniones sobre ti misma. Puedes aprender a suplantar estas voces negativas y cambiar tu propia imagen averiguando más sobre cómo tu madre desarrolló su conducta narcisista. Como descubriremos en el próximo capítulo, una madre egocéntrica tiene una autoestima vulnerable, lo cual hace que proyecte su odio a sí misma contra su hija. El narcisismo materno adopta numerosas formas; examinaremos estos diferentes tipos de madres narcisistas en el capítulo 3.

3

Las caras del narcisismo materno

«Toda la vida, toda la historia sucede en el cuerpo. Estoy apren-
diendo sobre la mujer que me llevó dentro de ella.»

Sidda Walker, en
Divine Secrets of the Ya-Ya Sisterhood[1]*

La confianza, el amor y el conocimiento propios sólo pueden ser
enseñados a una hija por una madre que posea esas cualidades
ella misma. Por añadidura, para transmitirlas con éxito, la madre
tiene que haber forjado una relación entregada y equilibrada con
su hija. Uno de los problemas del narcisismo es que no permite el
equilibrio. Las hijas de madres narcisistas viven en un ambiente
familiar extremo. Fieles a su legado de amor deformado, que ha
sido transmitido de generación en generación, la mayoría de ma-
dres narcisistas o bien se exceden en su tarea de progenitoras (la
madre absorbente), o bien se quedan cortas en ella (la madre ne-
gligente). Aunque estos dos estilos parecen ser opuestos, para un

---

* Basándose en esta novela, traducida al castellano como *Clan Ya*-Ya, y en *Little
Altars Everywhere* (*Pequeños altares*, en castellano), se hizo una película, titulada
Divinos secretos en Latinoamérica y *Clan Ya-Ya* en España. (*N. de la T.*)

niño criado con uno de los dos, el efecto del contrario es el mismo. Tu imagen de ti misma se distorsiona y parece imposible librarse de los sentimientos de inseguridad.

La madre absorbente asfixia, al parecer inconsciente de las necesidades o deseos exclusivos de su hija. Tal vez te criaron de esta manera. Si es así, es probable que las cualidades naturales que tenías, los sueños que querías hacer realidad y, tal vez, hasta las relaciones más importantes para ti eran alimentados raras veces. Tu madre te enviaba constantemente mensajes sobre quién necesitaba que fueras, en lugar de validar quién eras realmente. Desesperada por merecer su amor y aprobación, te adaptabas y, al hacerlo, te perdías a ti misma.

Si te crió una madre negligente, el mensaje que te transmitía, una y otra vez, es que eras invisible. Sencillamente, en su corazón no había cabida para ti. Como resultado, te desestimaba y no te tenía en cuenta. Los niños cuyas madres los ignoran gravemente no reciben ni siquiera las necesidades más básicas de comida, techo, ropa o protección, y mucho menos orientación y respaldo emocional. Es posible que la falta de un ambiente hogareño firme te haya vuelto insegura, enfermiza o hiciera que fracasaras en la escuela. El abandono emocional y físico te envía el mensaje de que no importas.

Tener una madre narcisista, tanto si es absorbente como si es negligente, hace que la individuación —tener una identidad propia independiente— sea difícil de lograr. Las hijas con unas necesidades emocionales no satisfechas vuelven, una y otra vez, a sus madres, esperando ganarse su amor y respeto en un momento más tardío. Las hijas que tienen un «depósito» emocional lleno disponen de la confianza necesaria para separarse de una manera sana y pasar a la vida adulta. Más adelante, en el capítulo sobre recuperación, abordaremos esto con más profundidad. Por el momento, veamos las diferentes caras que presentan tanto las madres absorbentes como las negligentes y el efecto que tienen en sus hijas.

La madre absorbente

La madre absorbente trata de dominar y controlar todos los aspectos de la vida de su hija. Toma todas las decisiones y presiona a su hija sobre cómo vestir, cómo actuar, qué decir, qué pensar y qué sentir. La hija tiene poco espacio para crecer y alcanzar su plenitud individualmente o para encontrar su propia voz, y se convierte en muchos aspectos en una extensión de su madre.

Las madres absorbentes suelen parecer unas madres geniales. Como siempre están involucradas en la vida de sus hijas y puede que siempre estén haciendo cosas para ellas y con ellas; las personas ajenas a la familia suelen verlas como madres activas y entregadas. Sin embargo, la propia imagen debilitada y la sensación de falta de valía que sus hijas extraen de esta conducta son trágicas. Las madres narcisistas no son conscientes de las consecuencias perjudiciales y a menudo devastadoras de su conducta, lo cual no disminuye, por supuesto, sus duraderos efectos.

- Miriam tenía veintiocho años, estaba prometida para casarse y atrapada en una furiosa pelea con su madre por el control de su vida. La madre no aprobaba a su prometido y hacía todo lo concebible para entrometerse en su relación, llegando incluso a hablar mal de él a varias personas de la empresa donde el joven trabajaba. «Mi madre esperaba que me llegara la noticia de que mi prometido era un fracasado o, mejor todavía, que él se rindiera y se fuera de la ciudad.»

- «Déjame que te diga un par de cosas sobre las relaciones amorosas», le decía, con demasiada frecuencia, la madre de Toby. Toby, cuarenta y ocho años, describe a su madre como alguien a la que «le encantan los hombres y sabe cómo manipularlos». Cuando ella llegó a la edad de tener citas, su madre la instruía sobre cómo conservar el interés de un hombre, regañándola si no era lo bastante coqueta. «Me desabrochaba los botones superiores de la blusa y me enseñaba a actuar de un modo sexy.» Toby recuerda el sabio consejo de su madre: «Si no te acuestas con ellos, los pierdes».

- La madre de Sandy siempre quería que su hija fuera igual que ella. Se enorgullecía contándole a la gente que estaba tratando de conseguirlo. Cuando Sandy empezó a hacer terapia, sentía que tenía que luchar contra la percepción de toda la familia que la veía como si fuera una versión más joven de su madre. «Estábamos unidas, mi madre y yo, pero tuve que pedirle a todos mis parientes que, por favor, dejaran de cargarme con los pecados de ella.»

Las madres del mundo del espectáculo son un ejemplo clásico de madres absorbentes, esas que conducen a sus hijas por los concursos de belleza infantil o los programas de televisión como *Showbiz Moms & Dads*. El anuncio de este programa en una popular revista lleva la frase «Algunos padres se mueren por conseguir la fama» junto a una foto de una madre que empuja a su princesita al escenario. Hace que te preocupes por cómo estas experiencias afectan la mente de estas niñas manipuladas y por la clase de jóvenes en que se convertirán.

El musical *Gypsy* presenta la quintaesencia de la madre absorbente.[2] «Canta a todo pulmón, Louise», dice la madre cuando su hija está actuando en el escenario. En la versión cinematográfica original, Rosalind Russell hace el papel de Mama Rose, una madre narcisista, extravertida y exuberante con dos hijas, Louise y June, a las que empuja al mundo del espectáculo. Cuando la más joven, June, que es la que Mama Rose cree que tiene más talento, se casa y se marcha de casa, Mama Rose busca otro medio de hacer realidad sus propias aspiraciones y se centra en la mayor,

Louise (Natalie Wood). Las reacciones de las hijas en esta producción son interesantes. June acaba cansándose de ser la «mona» y huye, y Louise se rebela, convirtiéndose en la famosa estríper Gypsy Rose Lee. Ambas hijas abandonan a su madre, cuyos sueños no se han hecho realidad.

Todas nosotras estamos imbuidas de un profundo anhelo por vivir nuestra propia vida, no la de nuestra madre. Sin embargo, la madre narcisista presiona a su hija para que actúe y reaccione ante el mundo como lo haría ella. Una niña criada de esta manera toma decisiones de acuerdo con lo que cree que le ganará el amor y la aprobación de su madre. Acostumbrada a que su madre piense por ella, más tarde tendrá dificultades para crear una vida adulta sana y auténtica para ella misma.

La madre negligente

Las madres que ignoran o no se ocupan de sus hijas no les proporcionan orientación, apoyo emocional ni empatía. Constantemente, descartan y niegan sus emociones. Incluso si, como mi madre me inculcaba, «Tienes un techo sobre la cabeza, ropa que vestir, alimentos que comer, entonces, ¿cuál es el problema?», yo seguía sufriendo mucho en mi interior, igual que les sucede a otras hijas con madres que las ignoran.

- La comedia/drama *Sirenas* retrata a una madre irresponsable y egocéntrica (Cher). En esta película, todo gira en torno a Mamá y sus relaciones, mientras que el mundo emocional de sus hijas está vacío. Algunas de las frases de las hijas en esta película lo dicen todo. Por ejemplo: «Ésta es nuestra madre. Reza por nosotras», «Mamá es muchas cosas; normal no es una de ellas», y: «Mamá, no soy invisible».[3]

Si una chica tiene suerte, quizás encuentre a otro adulto que pueda ayudarla, que reconozca y valide sus sentimientos y le proporcione algo de orientación. Esta persona puede ser un salvavidas emocional. Por ejemplo, mientras Marie crecía, su madre se negaba a enseñarle algunas cuestiones muy esenciales. «Cuando tuve mi primer periodo, a los trece años, no pude acudir a mamá. Siempre que se producía cualquier alusión sexual, incluso en la televisión, ella decía: "No me hables de sexo; no quiero hablar de eso". Cuando necesitaba artículos personales, tenía que llamar a mi hermana o a mi maestra. Fue mi maestra la que me explicó qué era la menstruación.»

En mi consulta de psicoterapia, he visto un caso tras otro de madres e hijas cuya relación parece ser buena desde fuera, pero en su interior la niña sufre un dolor, una confusión y una angustia profundos. Siempre les digo a los niños que soy un médico de «sentimientos», porque quiero hacerles llegar el mensaje de que mi consulta es un lugar para hablar de sentimientos, unos sentimientos muy frecuentemente ignorados, devaluados o negados por sus madres. Con frecuencia, los niños aprenden más rápidamente que sus padres a hablar de esos sentimientos y empezar a curarse.

Una conducta negligente crea un profundo vacío emocional en la vida de un niño, un vacío que puede no ser detectado durante años, pero el maltrato o la negligencia físicos son más claramente visibles. Cuando los padres narcisistas son incapaces o no están dispuestos a satisfacer las necesidades más básicas de su hija —mantenerla segura, sana y en la escuela—, se ve.

Mi consulta está llena de niños maltratados o descuidados. Trabajar con ellos ha llegado a convertirse en una especialidad en mi profesión, un medio para que yo devuelva algo a la sociedad y marque una diferencia para los niños que sufren. Una parte de mi corazón necesita tratar de ayudar a las niñas pequeñas, en especial a las que están esperando a que las adopten o a las que viven en casas de acogida, anhelando una madre que no tienen.

Muchos niños me han pedido que me los lleve a casa, como una encantadora niña de ocho años que me dijo: «Doctora Karyl, ¿sabe cocinar? ¿Cuántas habitaciones tiene en su casa? ¿Tiene juguetes?» Luego añadió, en voz baja: «Si puedo ir a su casa con usted, fregaré los platos cada día, incluso limpiaré los cristales de las ventanas». Si en mi profesión no hubiera unas normas éticas que lo impiden, a estas alturas tendría en marcha un orfanato en casa. Una de mis respetadas colegas, Linda Vaugham, que también trabajaba con niños maltratados y descuidados, escribió este poema después de trabajar intensamente con una niña a la que habían sacado de casa de su narcisista madre:

> *Querida mamaíta,*
> *lo estoy haciendo muy bien.*
> *Tengo sobresalientes en todo en la escuela*
> *y ya no lloro a la hora de irme a la cama,*
> *aunque mi nueva mamá dijo que podía.*
> *Recuerdo lo mucho que odias las lágrimas,*
> *me las secabas a bofetadas*
> *para hacerme fuerte.*
> *Me parece que funcionó.*
> *He aprendido a usar un microscopio*
> *y me ha crecido el pelo cinco centímetros.*
> *Es bonito, igual que el tuyo.*
> *No me dejan limpiar la casa,*
> *sólo mi propia habitación,*
> *¿no es una regla extraña?*
> *Tú dices que los niños causan tantos problemas*
> *al nacer que más les vale compensarlo.*
> *No he de cuidar*
> *de los otros niños, sólo de mí, y eso me gusta.*
> *Todavía siento el nudo en el estómago*

cuando hago algo mal, pero
tengo escrito en mi espejo:
«Los niños se equivocan. No pasa nada».
Lo leo cada día.
A veces, incluso me lo creo.
Me pregunto si alguna vez piensas en mí
o si te alegras de que la que creaba problemas se haya ido.
No quiero volver a verte nunca.
Te quiero, mamá.[4]

A veces, estos niños tienen muy poco para comer, viven en hogares mugrientos, antihigiénicos, no tienen atención médica o han sido objeto de abusos físicos, sexuales o emocionales. Es trágico que esta clase de maltrato esté extendido y, aunque se denigra diariamente a las agencias de servicios sociales, gracias a Dios están ahí para ocuparse de estos niños necesitados.

- Madeline, una niña adorable de diez años, cuida casi por completo de sí misma en casa. Aunque vive en una situación que está lejos de ser ideal, atesora mucha esperanza en su corazón. «Mi mamá nunca cocina para nosotros. Nunca hemos tenido una de esas comidas familiares que ves en la tele, donde toda la familia se sienta alrededor de la mesa y comen todos juntos. Yo me preparo mi propia comida y soy bastante buena con las latas de sopa y los macarrones con queso.» Un día Madeline decidió cocinar para su madre. Preparó pasta «muy buena» y cuencos de fruta para las dos. Cuando la pequeña Madeline anunció que la comida estaba lista, su madre le dijo que estaba a dieta y que no tenía hambre. «Así que, como ya había puesto la mesa con dos platos —explica Madeline, ladeando la cabeza, segura de sí misma—, primero llené mi plato y me lo comí todo, y luego me puse delante de su plato, lo llené y también me lo comí todo. Fingí que ella estaba allí. Hice el papel de las dos. Incluso tuve una conversación fingida con ella, diciendo: "¿Qué tal te ha ido el día? ¿Qué has hecho hoy?"»

- Marion, setenta años, cuenta una historia horrible sobre lo que le pasó a su hermana. «Mi hermana mayor desapareció cuando tenía dieciséis años. Una noche mi hermano fue a recogerla a la iglesia y no estaba. La buscamos durante un año y medio. Luego, un día, llegó un tráiler y se bajó un tipo enorme, seguido de mi hermana y un bebé. Entonces nos enteramos de que mi madre se había encontrado con él por casualidad, que a él le pareció que mi hermana era muy guapa y que le preguntó a mi madre cómo conseguirla. Ella le dijo: "Dame trescientos dólares y me la puedes quitar de encima". ¡La compró! Ahora mi hermana pregunta: "¿Por qué mi madre me vendió?" Aquel hombre fue horrible con ella, la encerraba en un armario mientras estaba trabajando para que no se pudiera escapar. Abusaba de ella. Cuando mi padre lo averiguó, quería matar a aquel tipo y yo pensé que también iba a matar a mi madre».

Veo un número asombroso de padres negligentes en casos de divorcio. Dado que el sistema judicial funciona basándose en relaciones acusatorias, los cónyuges suelen acabar ajustando cuentas de una u otra manera. En general, los profesionales que asesoran a las familias durante los procedimientos de divorcio trabajan para la madre o para el padre. En muchos trámites para fijar el tiempo de estancia con cada progenitor, la discusión se centra no en lo que es mejor para el niño, tal como dicta la ley, sino en lo que más le conviene al padre o la madre. Es triste que en nuestra cultura muchos de los que evalúan y juzgan ese tiempo de estancia presten más atención a lo que los padres quieren que a lo que es realmente mejor para los niños. En Denver, incluso se habla de qué evaluador es «del padre» y cuál «de la madre». ¿Qué hay de ser el «defensor del niño»?

A veces, el divorcio lleva a uno de los padres a poner al niño en contra del otro para salirse con la suya en la batalla por la custodia. Es un ejemplo clásico de maltrato emocional del niño que le hace mucho más daño de lo que esos padres alienadores creen. En estos casos, puede que cuiden del niño físicamente, pero hacen caso omiso de sus necesidades emocionales.

- La madre de Keri destruyó la relación de ésta con su padre cuando los dos adultos se divorciaron. «Mamá estaba demencialmente celosa de papá. Decía: "Ve a ver a tu padre; yo estaré bien", y luego caía en un estupor depresivo durante diez días y nos hacía sentir culpables. Llegó a ser tan grave que dejamos de ver a nuestro padre, porque no queríamos hacer daño a mamá. Luego, él murió de repente y ni siquiera pudimos ir al funeral. No podíamos llorar su muerte en presencia de mamá porque la perturbaba demasiado.»

Los patrones de conducta de las madres que maltratan, ignoran o descuidan a sus hijos suelen ser identificables, pero se hacen mucho más complejos y confusos cuando una madre narcisista manifiesta una mezcla de conductas absorbentes y negligentes. Veamos la forma en que actúa esta combinación particular.

Mezcla de conductas absorbentes y negligentes

Aunque mis investigaciones indican que la mayoría de narcisistas exhiben, preferentemente, uno de los dos tipos, los dos estilos no son mutuamente excluyentes. Una madre puede pasar de absorbente a negligente y volver a absorbente, como hace la madre de la película *La fuerza del cariño*. Aurora, la madre (Shirley MacLaine), examina constantemente a su hijita para ver si respira. La sacude, despertándola bruscamente, para comprobarlo. Cuando la pequeña rompe a llorar, Aurora señala su aprobación maternal con un satisfecho «Así está mejor», y cierra la puerta, dejando a la niña llorando sola en su cuna.[5]

Mi madre exhibía ambos extremos con dos hijas diferentes; una conducta absorbente con mi hermana y otra negligente conmigo. Creo que su comportamiento estaba relacionado con el puesto que ocupábamos en el orden del nacimiento y el lugar donde estaba mi madre en la vida. En pocas palabras, me presionaba para que creciera rápidamente para cuidarla y ayudarla a cuidar al resto de la familia, y trataba de hacer que mi hermana siguiera siendo niña ayudándola en todo. Yo era la segunda hija mayor. Mi madre se negaba a ayudarme y daba por sentado que ya me las arreglaría. Siempre hacía cosas por mi hermana, que era la más pequeña, incluso cuando se portaba de forma irresponsable. Mientras que a mí me transmitía el mensaje de que tenía que solucionar las cosas yo sola, para mi hermana el mensaje era que no podía hacer nada sin su intervención.

Un cuidado materno efectivo consigue el equilibrio entre permisividad y restricción. Una niña que ha sido criada en ese terreno intermedio aprende que puede crecer junto con sus cualidades y pasiones; sus sentimientos se reconocen y se tratan con respeto. Pero una niña que crece fuera de ese terreno medio debe superar un doloroso conjunto de obstáculos si quiere disfrutar de unas relaciones amorosas sanas, tomar decisiones profesionales satisfactorias y, algún día, ser una auténtica madre, afectuosa y bondadosa.

Las seis caras del narcisismo materno

«Pero, basta ya de hablar de mí. Hablemos de ti.

¿Qué piensas de mí?»

Bette Midler, en el papel de CC Bloom,

en *Eternamente amigas*[6]

En mis investigaciones he identificado seis tipos de madres narcisistas, todos dentro del espectro absorbente-negligente. Yo los llamo «las seis caras». Cuando revises esta lista, por favor comprende que tu madre puede ser principalmente de un tipo o ser una combinación de varios. Además, la madre absorbente y negligente puede estar entretejida en cualquiera de los tipos siguientes.

LLAMATIVA-EXTRAVERTIDA

Ésta es la madre sobre la que se hacen películas. Es una animadora pública, adorada por las masas, pero secretamente temida por quienes viven con ella y por sus hijos. Si puedes formar parte de su espectáculo, mucho mejor. Si no puedes, será mejor que tengas cuidado. Se la ve, es llamativa, divertida y «extremada». Algunos la adoran, pero tú desprecias la visible mascarada que representa para el mundo. Porque sabes que no le importas ni a ella ni a su espectáculo; lo único que le importa de ti es cómo haces que ella parezca ante el resto del mundo. Ver cómo el mundo reacciona ante ella te confunde. Ves que no te ofrece a ti, su hija, la misma calidez y carisma que les ofrece a otros, a los amigos, colegas, familia, incluso a los desconocidos. «Ojalá me quisiera, entonces podría ser lo que le apeteciera y a mí no me importaría», te dices. Quieres, desesperadamente, que te conozca y, también, que te deje ser tú misma.

Con mucha frecuencia, estas madres llevan una vida de ensueño y quieren que sus hijas encajen en su mundo social y se adapten a su molde.

- La madre de Sherry era un ejemplo perfecto de esto. Se esforzaba mucho por atraer la atención. Su aspecto cambiaba con tanta frecuencia como el tiempo, y para conseguir el máximo efecto dramático. «No recuerdo verla nunca con su color de pelo natural», dice Sherry, de cincuenta y cinco años, con una sonrisa irónica. Recuerda las diferentes fases de su madre. «A principios de los sesenta, tenía el *look* de Jackie O, con unos sombreros enormes. Cuando aparecieron las cosas *mod,* llevaba gafas de sol y minifaldas. Siempre iba a la moda, era el centro de atención. Siempre pensé que no quería entrar en su territorio. Recuerdo que me sentía avergonzada por los *minishorts,* con medias debajo. Botas gogó blancas y tacones de aguja. Siempre lo llevaba todo un paso más allá de lo hortera. No sé, pero me parece que ella sabía que no era muy auténtica. En realidad, dijo que quería esta inscripción en su tumba: "Que la auténtica Betty se ponga en pie, por favor".»

- Amy tenía una madre excéntrica y llamativa, cuyo carisma la ayudaba a entrar y salir de muchas situaciones interesantes. Tenía 144 pares de zapatos con bolsos y relojes a juego, y era una autoproclamada médium que había tenido su propio programa en la tele por cable. Mentirosa y chismosa crónica, la madre de Amy solía reunirse con los vecinos para hacerles lecturas psíquicas. «Una señora de nuestro edificio decidió que mi madre era Satán y convenció a los vecinos, así que nos echaron del barrio. La respuesta de mi madre fue que la gente sufría un cortocircuito si se le daba demasiada información espiritual. Siempre tenía una excusa para todo o trataba de echarle la culpa a otros.»

- La madre de Lina tenía un lugar perfecto donde brillar ya que era propietaria de un local nocturno elegante. Lina sonríe al recordar cómo, cada noche, su madre se ponía un vestido de fiesta e iba a su cafetería a hacer de anfitriona. La madre de Lina, que había sido cantante de *blues* en Hollywood, afirmaba que había cantado con Desi Arnaz, asistido a fiestas con Frank Sinatra y que se había sentado en las rodillas de Gary Grant. Para Lina, su madre sólo era puro *show*. «Le gusta decirle a la gente a quiénes conoce. Todo tiene que ver con su imagen. Sigue haciendo cosas inapropiadas, como ponerse a bailar para captar la atención o hacer una entrada de la que todos se den cuenta. Siempre he pensado que era raro que cuando la presentaba a mis amigos, ella dijera: "Me alegro mucho de que me hayáis conocido.»

LA MADRE ORIENTADA AL ÉXITO

Para este tipo de madre, lo que logres en la vida es de primordial importancia. El éxito depende de lo que haces, no de quién eres. Espera que actuarás al máximo nivel posible. Esta madre está muy orgullosa de las buenas notas de sus hijos, de su victoria en los torneos, de que los admitan en la universidad adecuada y de que se gradúen con los títulos pertinentes. Además, le encanta jactarse de ellos. Pero si no llegas a ser lo que tu madre orientada al éxito cree que deberías ser y no logras lo que ella cree que es importante, se siente profundamente avergonzada y puede que incluso reaccione con un ataque desenfrenado de furia y rabia.

Aquí entra en juego una dinámica confusa. Con frecuencia, mientras la hija intenta alcanzar un objetivo dado, la madre no le presta ningún apoyo, porque su intento la aleja de ella y le quita un tiempo que debería dedicarle a ella. Pero, si la hija consigue lo que quiere, la madre sonríe con orgullo en el banquete o en la ceremonia de entrega de premios. Es un mensaje muy contradictorio. La hija aprende a no esperar mucho apoyo, a menos que se convierta en todo un éxito, lo cual la prepara para una baja autoestima y un modo de vida orientado al éxito.

- De pequeña, a Yasmin le encantaba montar a caballo. Pero la madre era reacia a sostener esta pasión costosa y que requería mucho tiempo. No obstante, su padre la ayudaba y trabajaba duro con ella para prepararla para las carreras de barriles, y la madre estaba furiosa con él. Pero el éxito cambió la dinámica familiar. Cuando Yasmin ganó un lazo azul en el rodeo infantil, «Mamá se pegó la sonrisa de ganadora en los labios y empezó su orgía de fanfarroneo.» Yasmin recuerda que se sentía confusa y dolida.

- Carol creció sintiéndose controlada por lo que su madre ambicionaba para ella. Tomó lecciones de piano durante siete años, durante los cuales tuvo que tocar en recitales, además de para los amigos de su madre. «Estaba tocando y oía cómo bufaba cuando me equivocaba. Podía sentir que la decepcionaba. Sentía que tenía que ser perfecta para ella. Cuando fui lo bastante mayor para decidir, no aprobé el examen de la academia de piano donde ella quería que fuera. Después de eso, no me acerqué a un piano durante doce años. Cuando me fui de casa y tuve mi propio hogar, quise tener un piano para tocar sólo para mí. Todavía no puedo tocar delante de mi madre. Cuando empecé a ir a terapia, tuve que dejar de tocar otra vez porque me hacía revivir todos los viejos problemas con mi madre. Sigo teniendo una relación de amor/odio con el piano. De alguna manera, se cruzó la raya que separaba lo que beneficiaba a mi madre y lo que me beneficiaba a mí. Yo era un trofeo para ella.»

• La madre de Eleanor juzgaba a los demás únicamente por sus logros académicos. Lo primero que preguntaba siempre era a qué universidad había ido alguien. «La gente de Harvard y Stanford eran los mejores que podías conocer.» Luego quería saber el nivel de su título. «Los M.D. (doctor en Medicina) y los Ph.D. (doctor en Filosofía) destacaban. Cualquier cosa por debajo de eso no era lo bastante buena. Todas sus amigas eran la doctora Fulana de Tal o estaba casada con el doctor Mengano. No le importaba qué clase de personas fueran, ni siquiera si eran agradables con ella o con nosotros.» Eleanor se recostó en la silla, exhalando un suspiro de alivio, y me dijo: «Gracias a Dios, conseguí unos cuantos sobresalientes cuando estudiaba y tengo un par de títulos, porque, de no ser así, es probable que ni siquiera me hablara. Mi pobre padre sólo está en el nivel de maestría; no sé cómo ha podido sobrevivir a su lado».

• La madre de Mia está obsesionada con la limpieza. «Era una maníaca de la limpieza. Todo tenía que estar perfecto, y limpiábamos la casa antes de que viniera la asistenta. Si hay una única cosa fuera de su sitio, se da cuenta y se pone echa un basilisco. Es más que un monstruo de la limpieza. Mi madre sacaba todo lo que había en mi armario y me hacía poner un código de color en mi ropa. Yo tenía que limpiar el baño cuatro veces hasta que lo hacía a la perfección.»

- En la película *Aprendiendo a vivir*, la hija con retraso en el desarrollo le dice a su narcisista madre: «Mamá, no me miras, no me ves, no a la auténtica yo. No quiero jugar al tenis, ni al ajedrez ni ser artista. Quiero ser yo. No puedo hacer esas cosas, pero *puedo amar*».[7] ¡Qué mensaje más poderoso!

LA PSICOSOMÁTICA

La madre psicosomática usa las enfermedades, los achaques y los dolores para manipular a los demás, para salirse con la suya y para centrar la atención en ella. Le importan poco los que la rodean, incluyendo a su hija, o sus necesidades. Si tu madre era así, el único medio que tenías para conseguir su atención era cuidar de ella. Si no respondías a ella o si te rebelabas contra su conducta, mi madre se hacía la víctima poniéndose más enferma o sufriendo una crisis relacionada con la enfermedad para redirigir tu atención y hacerte sentir culpable. Yo lo llamo el «método del control por enfermedad». Es muy eficaz. Si la hija no responde, parece mala y se siente como una fracasada que no puede ser amable con su madre. Lo más importante para una madre psicosomática es que su hija esté allí para cuidarla y comprenderla.

Muchas veces, la madre psicosomática utiliza sus enfermedades para huir de sus sentimientos o para no enfrentarse a una dificultad en la vida. Lo habitual es que la hija oiga de su padre o de otros miembros de la familia: «No se lo digas a tu madre. Se disgustará o se pondrá enferma». Algunas hijas aprenden que si ellas mismas se ponen enfermas consiguen atraer algo de atención por parte de sus madres psicosomáticas porque la enfermedad les proporciona un vínculo común. La madre puede identificarse con la enfermedad y es capaz de comunicarse a través de ella con la hija, pero debe tener cuidado de no estar más enferma que la madre, porque entonces ésta no se sentirá cuidada, algo a lo que se siente con derecho.

- Aunque las migrañas debilitan de verdad, la madre de May las usaba como medio para escapar de los problemas de la casa y no se cuidaba de ninguna manera que la ayudara a evitar esos dolores de cabeza. Por ejemplo, nunca trataba su estrés, un detonante común de las migrañas, y se permitía disgustarse por muchas cosas. «Mi madre no era capaz de hacer frente a nada. Al instante le daba dolor de cabeza y había que llevarla a urgencias para que le pusieran una inyección que la dejaba fuera de combate días y días. Entonces mi padre y yo teníamos que solucionar el problema que fuera. ¡Era su medio de escape!» Esto continuó durante toda la juventud de May. «Recuerdo que una vez le dije que salía con un hombre mucho más joven y fue como si el dolor de cabeza se presentara tan de repente que ninguna de las dos supo qué le había pasado. ¡Creo que no le gustó lo que le dije!»

- A Irene la culpaban por la incapacidad de su madre de afrontar el estrés. «Siempre que algo iba mal en casa, mi padre decía: "Mira lo que le has hecho a tu madre". Ésta acababa en el dormitorio, llorando, y tenía dolor de cabeza y diarrea y se pasaba horas en el baño y luego salía y se echaba en el sofá con un paño alrededor de la cabeza y muy triste. Mi padre acudía al rescate y nos culpaba a nosotros, diciendo que ella soportaba muy mal el estrés.» Irene necesitaba que la reconocieran, pero aprendió que, «si no estoy a la altura de sus expectativas, empieza a sufrir achaques, le salen pupas en la boca, extraños sarpullidos y se pone enferma debido al estrés emocional. Todo tiene que girar en torno a ella».

- La conducta de la madre de Jackie empeoró conforme ella y su marido envejecían y él empezó a ponerse enfermo. «Mi madre siempre tenía que estar más enferma que mi padre. Si yo le prestaba atención a él porque se encontraba mal, ella siempre tenía que "superar" la enfermedad. Una vez fingió un ataque al corazón. No puedo contar las veces que me llamó al trabajo y yo acudí corriendo sólo para encontrarme con que no le pasaba nada. La única vez que no fui después de que me llamara, estuvo días sin hablarme, me dijo que yo no le importaba y me escribió cartas desagradables.»

- Mona lloró durante la terapia mientras hablaba de la operación de cadera de su padre, que le resultó muy difícil porque se estaba haciendo viejo y estaba débil. Pero en realidad lloraba porque «durante todo el tiempo que mi padre pasó por esto, mi madre decía que le dolía la cadera y que también necesitaría que la operaran. No podía permitir que le prestaran atención a él. ¡Era repugnante! Sus caderas están perfectamente. En cuanto mi padre se recuperó, nunca volvimos a saber nada de las caderas de ella».

- Celeste me cuenta: «Mi madre no paraba de quejarse. Cuando se levantaba o se sentaba o caminaba por la habitación, no hacía más que gemir. No había ninguna razón física para que lo hiciera. Parecía ser su manera de conseguir que todos los presentes la miraran y le preguntaran si estaba bien. Entonces decía: "Pues claro que estoy bien. ¿Por qué?"»

LA ADICTA

En *El clan Ya-Ya,* la novela de Rebecca Wells, Sidda describe el sonido de la voz de su madre como «la cacofonía de cinco lingotazos de *bourbon*». Aunque estaban «a dos mil millas de distancia, Sidda podía oír cómo entrechocaban los cubitos de hielo» mientras hablaba con su madre por teléfono. Luego dice: «Si alguien hiciera una película sobre mi infancia, ésa sería la banda sonora».[8]

El padre o la madre que tienen un problema de abuso de sustancias siempre parecerán narcisistas, porque la adicción es más fuerte que cualquier otra cosa. A veces, cuando un maltratador está sobrio, la conducta narcisista desaparece. Otras veces, no. Pero mientras está consumiendo, siempre estará centrado en sí mismo y en su dios, la adicción. Los hijos de padres alcohólicos o toxicómanos lo saben bien: la botella o la droga elegida siempre está por delante de cualquier otra cosa o persona. El abuso de drogas es un medio efectivo para enmascarar los sentimientos. Está claro que la madre que se presenta borracha al concierto del coro donde canta su hija no piensa en las necesidades de ésta.

- Hanna tuvo que defenderse sola durante la mayor parte de su infancia. «Durante años mi madre estuvo enganchada al Tylenol con codeína y al Valium; lo que la dejaba totalmente aniquilada. Para cuando cumplí los diez años, ya había estado casada siete veces. Íbamos de un sitio a otro con muchos hombres diferentes.» Cuando Hanna tenía catorce años, su madre le dijo que quería suicidarse. Ella le suplicó que no lo hiciera, diciéndole que «la necesitaba y no podría sobrevivir sin ella». Hanna se detiene un momento mientras cuenta la historia. Su dolor es palpable. «A pesar de todo, lo hizo. Murió por su propia mano. Siempre fui la perdedora: primero una madre que no estaba allí y luego una madre que se suicidó.» Después del suicidio de su madre, Hanna vivió en un *camping* para caravanas y continuó yendo a la escuela. Le fue bien hasta el tercer año de instituto, cuando empezó a saltarse las clases diciendo que estaba enferma y a consumir drogas y alcohol.

- La madre de Julia iba de fiesta casi cada noche. «Mientras crecía, vivíamos en un barrio con muchos padres y madres solteros y todos daban fiestas. A mi madre le gustaba dar fiestas en casa para no tener que contratar a una canguro. Yo me convertí en una de esas criaturas "morales". Detestaba que bebieran, que fumaran, que contaran historias verdes, que maldijeran, etc. Solía quejarme de todo esto a mi madre y a su novio. Se hartaron, así que me humillaban llamándome "Reinita". Cuando planeaban la siguiente fiesta, mamá dijo: "Vamos a tener una fiesta salvaje esta noche, Reinita, así que puedes irte a tu habitación, donde no serás molestada".»

La mejor manera de describir el mantra de la madre narcisista y adicta es con la canción de Billie Holiday: «Smoke, Drink, Never Think» (Fuma, bebe, no pienses nunca).[9]

LA SECRETAMENTE MALVADA

La madre narcisista que es malvada en secreto no quiere que los demás sepan que maltrata a sus hijos. Por lo general, tiene un yo público y un yo privado totalmente diferentes. Las hijas de estas madres las describen diciendo que son bondadosas, cariñosas y atentas en público, pero maltratadoras y crueles en casa. Es difícil no sentir un gran resentimiento hacia tu madre por esto, especialmente si engaña a mucha gente fuera de la familia. Si tuviste una madre así, sabrás lo atroz que es esta conducta contradictoria. En la iglesia, tu madre te rodea los hombros con el brazo y te da un chicle que saca del bolso con una cálida sonrisa. En casa, cuando le pides un chicle o te acercas a ella, te da una bofetada o te insulta. Esta madre es capaz de anunciar en público: «Estoy muy orgullosa de mi hija. ¿Verdad que es preciosa?», y luego, en casa, decir:

«Realmente tendrías que perder peso, llevas un desastre de pelo y vistes como una puta». Estos mensajes imprevisibles y contradictorios son demenciales.

- En público, la madre de Veronica era una santa, pero en casa, era colérica y maltratadora. «Cualquier cosa que ella sintiera era el centro del universo y la vida entera tenía que detenerse para acomodarse a eso. Si tenía dolor de cabeza o estaba depre, teníamos que andar con pies de plomo. Sus sentimientos lo dominaban todo. Mis sentimientos eran minimizados, por decirlo suavemente, y aprendí que no estaban a la altura de los suyos. Siempre decía: "Si tú supieras... Siempre crees que te ha ido mal", pero siempre que íbamos a algún sitio, actuaba de un modo muy cariñoso, y falso de verdad. Nuestras peleas se libraban dentro de casa y nadie las veía.»

- A Robin, la conducta de su madre la confundía. «De niña siempre había adorado a mi madre y creía que estaba de mi parte, pero cuando mi hermano y yo llegamos a la adolescencia, solía decirnos lo horribles que éramos. "Nunca tengas hijos", decía.» La madre de Robin le contaba que había intentado abortar cuando estaba embarazada de ella tirándose por las escaleras y tomando ciertos medicamentos. «Probablemente, habría abortado de mi hermano —me dice Robin—, pero mi padre iba a ser enviado a la guerra y, en aquellos tiempos, si estabas embarazada no reclutaban a tu marido.» Dado que había tenido tres abortos provocados y uno espontáneo, decía que Robin y su hermano eran «nacidos vivos». «Lo que resultaba muy extraño era que, delante de otros, siempre hablaba de lo mucho que quería a los niños y de lo mucho que había hecho para tener los que tenía y de que éramos un milagro. ¡Ya!»

- Después de casarse, Hailey saboreaba la libertad de estar lejos de su secretamente malvada madre. «A mi madre no le gustaba mi marido y no quería vernos. ¡Era estupendo! Hasta que un día decidí ir a visitarla. Trabajaba como cuidadora de una señora anciana del barrio y decía cosas maliciosas entre dientes sobre esa pobre mujer. Fui a almorzar con ellas. La señora era dura de oído, pero seguía preocupándome que mi madre la criticara estando ella delante. "Joder, ¿no te parece que podría ir todavía más despacio?" Era mezquino. Me recordó lo que yo había vivido toda mi vida. Mi madre tiene un lado agradable y un lado oscuro. Una vez que esta anciana muera, volverá a proyectarse en nosotros. Ahora la que lo recibe es la pobre mujer.»

LA NECESITADA EMOCIONALMENTE

Aunque, a un cierto nivel, todas las madres narcisistas están necesitadas emocionalmente, algunas muestran esta característica más abiertamente que otras. Estas madres llevan sus emociones al descubierto y esperan que sus hijas se ocupen de ellas, una propuesta perdedora para los hijos, de los que se espera que calmen a su madre, escuchen sus problemas de adulta y los solucionen con ella. Por supuesto, no se presta atención a los sentimientos de estos hijos y es improbable que te acerques siquiera a recibir el mismo nutrimento que se espera que proporciones.

- La madre de Ivette sabe cómo subir las apuestas. Cuando Ivette le dice que está cansada de trabajar toda la semana, la madre dice: «Cariño, no tienes ni idea de qué es estar cansada». Luego se lanza a una diatriba sobre lo agotador que ha sido su propio día. Es raro que Ivette pueda igualar la historia de su madre, así que renuncia a decirle nada y escucha. Ha aprendido a no hablar de sus propios sentimientos, porque le

duele demasiado. «Sólo le pregunto cómo está y lo dejo ahí.
De esta manera, parece que se pone menos nerviosa.»

Un ejemplo clásico de madre emocionalmente necesitada apa-
rece en la reciente película *The Mother*. En este melodrama cuyo
guión es obra de Hanif Kureishi, Paula, la hija (Cathryn Bradshaw),
se siente vacía, no consigue decidir qué hacer con su vida y con su
carrera, y nunca se ha sentido querida ni valorada por su madre.
Como se ha acostumbrado a tratar de complacerla, se siente atraída
por hombres necesitados. Su egocéntrica madre, May (Anne Reid),
empieza a mostrar lo profunda que es su necesidad cuando muere
su marido y tiene abiertamente una aventura con un carpintero, del
cual la hija está locamente enamorada. La madre no siente com-
prensión ni interés por los sentimientos de su hija y justifica sus ac-
tos diciendo que está llorando la pérdida de su marido y que la
aventura hace que se sienta mejor. El crítico cinematográfico Mi-
chael Wilmington lo expresa bien: «El egocentrismo es el vicio de
estos personajes; ése, no el sexo, es su pecado».[10]

Ahora que has visto desde dentro muchos tipos diferentes de ma-
dres narcisistas, es importante destacar unas cuantas cosas. La pri-
mera es que nuestras madres no nacieron así. Lo más probable es
que se enfrentaran a unas barreras infranqueables para alcanzar el
amor y la empatía cuando eran niñas. En la tercera parte de este li-
bro, uno de tus retos será analizar los orígenes familiares de tu ma-
dre, para comprender más a fondo las razones de su conducta.
Esto no elimina tu dolor, pero te permite empatizar con ella y per-
donarla hasta un cierto punto que te ayudará a recuperarte.

Ningún narcisista actúa en un vacío. En el siguiente capítulo,
estudiaremos a las familias y echaremos una ojeada al resto del
nido narcisista.

4

¿Dónde está papá?

EL RESTO DEL NIDO NARCISISTA

«Con frecuencia, la familia narcisista se parece a la proverbial manzana roja que tiene un gusano dentro. Su aspecto es estupendo, hasta que la muerdes y descubres el gusano. Puede que el resto de la manzana esté perfecto, pero tú has perdido el apetito.»

Stephanie Donaldson-Pressman y Robert Pressman
La familia narcisista[1]

La familia con una madre narcisista actúa según un conjunto de normas tácitas. Los niños aprenden a vivir con ellas, pero nunca dejan de sentirse confundidos y doloridos por su causa, porque estas reglas bloquean su acceso emocional a sus padres. Los niños son básicamente invisibles; no se oyen ni se ven ni reciben los cuidados nutricios. Trágicamente, a la inversa, este conjunto de normas permite que los padres no tengan límites con sus hijos y los usen y abusen de ellos según les parezca bien. Parece algo atroz, ¿no es cierto?

¿Dónde está papá?

«Papá, ¿por qué no me protegiste? ¿Dónde estabas cuando yo te necesitaba? ¿Por qué siempre te ponías del lado de mamá? ¿Y yo qué?»

Estas preguntas surgieron de Marcy en terapia, cuando hacíamos el ejercicio de la «silla vacía». Imaginó a su padre en la silla vacía y le habló sobre la familia y sobre cómo le dolía estar tan sola y no ser querida. Sus preguntas están entre las que hacen más habitualmente a su padre las hijas de madres narcisistas: ¿dónde estabas?

Según mis investigaciones y mi experiencia, la respuesta es clara: el padre gira en torno a la madre igual que un planeta gira alrededor del Sol. La narcisista necesita estar casada con un cónyuge que le permita ser el centro de toda la acción. Así debe ser para que el matrimonio sobreviva. En el teatro familiar, la narcisista es la estrella y su cónyuge asume un papel de apoyo.

Un hombre entra en esta situación por muchas razones, pero la más pertinente para nuestro análisis es que es la clase de persona que acepta esta conducta de su cónyuge y, la mayor parte del tiempo, la posibilita. Quizá no siempre quiera hacerlo, pero lo hace porque ha aprendido con el tiempo que esto es lo que da resultado con ella. Como el padre se centra en su esposa, su pacto con ella puede hacer que también él parezca narcisista. Es incapaz de atender a las necesidades de su hija.

- «Mi padre siempre se levantaba de un salto para hacer lo que se le antojara a mi madre», dice Erica, de cuarenta años, al describir el papel de su padre durante su infancia. «Mi madre era la jefa, y mi padre centraba su vida en ella. La verdad es que besaba el suelo que ella pisaba. Podíamos estar viendo la tele y salía un anuncio de helados. Mi madre decía:

"Oh, qué buena pinta tiene», y mi padre iba a buscar el coche para ir a la tienda a comprarlo. Hace lo que ella quiere. Ella lo usa para controlar su relación. Elige el momento, y muchas veces es cuando él querría ir a algún sitio o cuando está viendo un partido de fútbol. Si se lo echo en cara, dice: "¿Te parece que tu padre no es feliz?"»

- El padre de Danielle solía culparla de todas las discusiones que ella tenía con su madre (y eran muchas). «Si empezábamos a discutir sobre limpiar mi habitación, por ejemplo, ella se disgustaba mucho y acababa llorando; entonces mi padre intervenía y decía: "Mira lo que has hecho. ¡Mira cómo haces que se sienta tu madre!" Siempre era algo que tenía que ver con *ella*, en lugar de lo que me pasaba a *mí*.»

- Clair, de cuarenta y un años, dice que su madre lo controlaba todo en la casa, incluyendo a su padre. Cuando su madre no hablaba con ella, tampoco lo hacía su padre. «Mamá era alcohólica; con frecuencia, estaba inconsciente en el sofá cuando llegábamos de la escuela. Yo no decía nada hasta que captaba qué vibraciones había en la casa. Por fin, mi hermano mayor reunió el valor para decirle a nuestro padre que nuestra madre siempre estaba borracha. Mi hermano buscó "borracha" en el diccionario y trató de que sonara mejor usando la palabra "ebria", pero papá le dio una bofetada y dijo: "No hables así de tu madre". Siempre la defendía.»

- El papel del padre de Carmen como protector de su madre es primordial. «En cierto modo, sus necesidades tampoco importaban. Solía preocuparme por eso, pero ahora veo que eso es lo que los mantiene juntos. Se necesitan mutuamente para interpretar sus papeles disfuncionales y sobrevivir emocionalmente en el mundo. No me importa si eso es lo que les da resultado, pero a mí me afectaba. ¿Qué pasa conmigo? ¿Importo?» Cuando estaba siguiendo el programa de recuperación, Carmen quiso hablar con su madre de su infancia, pero su padre se levantó de un salto para defender a su mujer. Carmen se sintió doblemente ignorada. Luego, por si esto fuera poco, su madre dijo: «¿No es maravilloso? Es el mejor marido que nadie podría tener». Carmen continuó: «La idea misma de que quizás aquello tenía que ver conmigo —no con ella ni con su marido— nunca les pasó por la cabeza. Lo típico es que hablen y hablen de lo maravilloso que es su matrimonio y de lo felices que son juntos. De algún modo, tengo ganas de recordarles las muchas veces que mi padre me dijo en secreto que quería marcharse con otra mujer. Sólo viven en la negación y fingen y fingen».

Este acuerdo no escrito entre los padres que comparten un nido narcisista es fuerte e impenetrable para cualquiera, pero sobre todo para una hija, a la que la madre ve como competidora. Evidentemente, el importante trabajo de recuperación de Carmen la había ayudado a comprender, pero incluso así el dolor del recuerdo hizo que las lágrimas le afloraran a los ojos. Es trágico, pero la negación de los padres es lo que mantiene a la familia unida, para bien o para mal, y muchas familias deciden no enfrentarse a sus problemas, aunque hagan sufrir a sus hijos. Algún día, Carmen podrá contar esta historia y no sentir el dolor que seguía presente aquel día. Aunque es improbable que pueda cambiar la relación de sus padres, podrá atenuar sus efectos en ella y en su vida.

Forjar una relación amorosa sana es una de las cosas más importantes que hacen los padres. Los niños que crecen con un modelo malsano son más susceptibles de tener dificultades en sus propias relaciones amorosas cuando son adultos. Los niños aprenden mucho más de lo que ven hacer a sus padres que de lo que éstos les predican. En la segunda parte, veremos las relaciones amorosas de hijas de madres narcisistas y analizaremos los muchos efectos de unas relaciones enfermizas entre los padres.

La salud emocional de las hijas de madres narcisistas se ve, de hecho, sacrificada para que el padre tenga las cosas en paz con su esposa. Los primeros pasos de una hija para su recuperación entrañan dar voz a los devastadores sentimientos de vulnerabilidad e indefensión que esto genera.

- Kristin, de diecinueve años, dice con tristeza: «Me gustaría saber por qué nací, por qué Dios me dio a ella cuando ella no me quería. Recuerdo que pensaba que no podía vivir aquello, pero lo hice. No me siento bonita, tengo una autoestima baja y no puedo reconocerme el mérito de nada. Mi padre me quería y trataba de protegerme, pero no podía hacerlo porque mi madre era demasiado abusiva. Tenía que hacer lo que ella quería para seguir casado con ella».

- Linda, de veintiséis años, habló de una diferencia interesante en la forma en que su padre biológico y su padrastro manejaban a su madre. «Mi padrastro tiene que organizar su vida en torno a ella, y esto la mantiene a ella y los mantiene a los dos contentos. Él presta atención a su mal humor y a sus quejas. Mi padre, sin embargo, era alcohólico y bebía para insensibilizarse.»

La mayoría de hijas informan de que, si tenían buenas relaciones con su padre, su madre se ponía muy celosa de ellas. Candace cuenta una desgarradora historia sobre el tiempo en que su padre se estaba muriendo de la enfermedad de Parkinson. «Mi padre estaba tendido en la cama del hospital y yo estaba echada a su lado. Eran las últimas horas de su vida. Mi madre se puso furiosa por que estuviera tan cerca de él y me pidió que me moviera; luego ocupó mi sitio junto a mi padre. Fue triste, porque parecía que él era la única persona que me quería de verdad. Años más tarde, estábamos hablando de la dinámica familiar y mi madre me informó de que tenía que liquidar la herencia de mi padre. Me dijo que a mí me daba menos que a los otros hijos porque recibí mucho de él cuando vivía.»

- El padre de Paula siempre quería llevarla en brazos. «Era la niña de sus ojos. Mi madre siempre decía: "Bájala, deja que camine", con un tono de enfado. Yo sólo tenía unos tres años y ella estaba furiosa conmigo por absorber la atención de mi padre. La quería toda para ella.»

- Wendy y su padre tenían un vínculo tan bueno que ella creció para seguir sus pasos. También se mantuvo alejada de su madre. Cuenta esta historia: «Mi madre tenía muchos celos de mi relación con mi padre. Era médico y yo también estudiaba medicina. Sintonizaba mejor con él, y él tenía empatía». Wendy tiene pocos puntos de conexión con su madre y con su modo de vida. «Era un ama de casa y no entendía nada de lo relativo a la educación. Yo solía ir a cazar y pescar con mi padre, pasaba el tiempo con él y hablaba con él. Ella detestaba todo eso. Siempre decía: "Ve y pregúntaselo a papá; aquí él es el inteligente. Es él quien te va a comprar el BMW".»

Muchas jóvenes descubren que cuando estaban solas con su padre podían conectar a un nivel diferente y más profundo y descubrir su capacidad para quererlas. Incluso en pequeñas dosis, esta clase de nutrimento marcaba una diferencia.

¿Y qué hay de los hermanos?

Los chicos parecen tener una clase de relación diferente con la madre. Casi todas las hijas con una madre narcisista me han dicho que a su madre le gustaban más y favorecía más a su hermano o hermanos que a ella o a sus hermanas. De forma sistemática, las hijas confiesan lo mucho que les dolía. Por lo general, la madre no parece darse cuenta del desequilibrio o, si la enfrentan a ello, lo niega, pero tiene sentido. Sus hijos no son una amenaza para ella en relación con el padre, como lo es otra chica o mujer, porque no son una prolongación suya en la misma medida que una hija.

Puede producirse una excepción cuando el hermano se casa e incorpora a la ecuación a una nuera, que puede empezar a sentir el peso de los celos de la madre. A los ojos de ésta, es una rival y puede que las dos compitan por la atención del hijo. Es posible que, antes, la madre fuera el centro de su vida, pero su nueva esposa se hace con ese cometido. La madre debería quedar en segundo plano, lo cual es prácticamente imposible para ella. Siento pena por las esposas de hombres con una madre narcisista. Realmente, no saben dónde se están metiendo.

- Los hermanos de Jillian recibían un trato especial y, a veces, muy inapropiado. Su madre «se mostraba seductora con ellos. Desfilaba por la casa medio desnuda, y cuando eran adolescentes, les hablaba sobre cómo ser buenos amantes».

- Lisa tenía cinco hermanos que no podían hacer nada mal a ojos de su madre. «Los adoraba. Trabajaban en la granja y le traían regalos, y ella idolatraba todo lo que le compraban. La satisfacían en todo y a ella le encantaba. Incluso hoy, culpan a mi padre por cómo actuaba mi madre. Siempre la defendían y ella los defendía a ellos. Realmente, les lavaba el cerebro. En una granja, tener hijos varones era una ventaja enorme; las chicas no eran tan importantes. Incluso hizo todo lo posible para que no se incorporaran al ejército. Decía que se les necesitaba en la granja; lo que fuera para impedir que se fueran. En cambio, en mi caso, se moría de ganas de que creciera, me casara y me fuera.»

- La madre de Mirabelle le escribió una carta después de estar en su casa de visita durante unos días. «Admiro a tu hermano Gerald, ya que sabe qué es conocer a Dios. Quizás a ti te gustaría saberlo. Y tu hermano Craig es un hombre de familia, muy bueno y trabajador. Sus hijos son el deleite de la familia. Siempre nos sentimos bienvenidos en casa de nuestros hijos. No tenemos que andar con pies de plomo ni preocuparnos por lo que decimos. ¡Es siempre un tiempo maravilloso! Ir a tu perfecta casa es una tensión enorme, cariño. Debo decir que has salido a tu abuela paterna. ¡Estaba convencida de que siempre tenía razón! Parece que tú sigues sus pasos.» Mirabelle trajo la carta a la sesión de terapia. Se preguntaba qué quería decir todo aquello. «¿Por qué favorece así a mis hermanos? ¿Qué he hecho mal? ¿Qué quiere decir con "tu perfecta casa"? ¿Está celosa de mí? ¿Por qué dice que he salido a la abuela, alguien que yo detestaba igual que ella? ¡Es odiosa! Dios, cómo duele. Mi hermana tampoco le gusta. Hace poco empezó una carta a mi hermana con "Querida Mandy... Sólo digo "querida" porque te llevé en mi vientre".»

- Amelia tenía un único hermano, que para su madre era el rey. «Era dos años mayor que yo y lo había puesto en un pedestal; era el niño trofeo. Mamá se identificaba con él y quería que él le prestara atención. Una gran parte de su energía iba a él. Cuando fue adulto, fue demencial, además él llegó a ser rico de verdad. Si mi hermana o yo la invitábamos, nos dejaba plantadas si mi hermano también la había invitado.»

- Para muchos, hermanos y hermanas nunca han estado en igualdad de condiciones. Victoria dice: «Mi hermano tiene ahora dieciocho años. Básicamente fui yo quien lo crié, y lo quiero de verdad. Me llama cuando tiene problemas o necesita apoyo emocional. Pero tengo que decir que ha recibido un trato preferencial por parte de mi madre. Mi hermano saca sólo aprobados y a ella no le importa. Si yo sacaba un sobresaliente bajo, el problema era tremendo. Conseguí una beca para ir a la facultad de derecho. Era lo que se esperaba de mí. Yo siempre tenía toque de queda, pero mi hermano no. Puede llegar a casa totalmente borracho y a ella no le importa; se ofrecerá a prepararle el desayuno. Esta semana lo arrestaron a la puerta de un bar y a ella le pareció divertido. Puede beber y actuar como un loco y ella dice: "Los chicos son así". Sale con una camarera y está bien, pero detesta a mi novio, estudiante de medicina. Mi madre defiende constantemente a mi hermano y me critica a mí».

- Durante toda su infancia, cada Navidad, el hermano de Liz recibía el doble de regalos que ella. Además, su madre trataba de hacer que los dos hermanos compitieran cuando se contaban los paquetes. ¿Adivinas quién perdía?

Me ha sorprendido que la mayoría de hijas a las que he entrevistado o a las que he tratado no sintieran un profundo resentimiento hacia sus hermanos. La mayoría agradece que reciban algo de atención materna, aunque ellas mismas no la reciban. Algunas, claro, se sienten resentidas, y es lógico. Parece ayudarlas si sus hermanos pueden liberarse de su propia negación y ven los problemas reales que hay entre su madre y su hermana. La hija puede sentir entonces una cierta validación por parte de su hermano.

- Tara nunca había recibido un trato justo de su padre ni de su hermano. Los dos siempre le habían echado la culpa de su difícil relación con su madre. Tenía 45 años cuando, finalmente, su hermano le preguntó: «¿Qué demonios os ocurre a ti y a mamá?, ¿os lleváis mal desde… que naciste?» Tara había esperado mucho tiempo, pero finalmente se sentía validada. «Ahora mi hermano es capaz de ver que hay un problema y eso significa muchísimo para mí. Hace que me sienta menos furiosa.»

El extremo de las hermanas

He descubierto que, cuando la misma madre narcisista cría a dos hijas de la misma manera, lo más frecuente es que las hermanas adopten dos papeles muy diferentes. Las dos interiorizan el mismo mensaje de que las valoran por lo que hacen, en lugar de por quiénes son, pero actúan de modos opuestos. Una puede interiorizar el mensaje y decir: «Vale, te demostraré lo que puedo hacer y lo que valgo», y convertirse en una triunfadora y una perfeccionista. La otra puede interiorizar el mensaje de inferioridad y rendirse, sintiendo que no conseguirá dar la talla en ningún caso; se convierte en alguien que rinde por debajo de su nivel o que se dedica a algún tipo de autosabotaje permanente. Estudiaremos más ampliamente este fenómeno en la segunda parte cuando hablemos de los patrones de vida de las hijas de madres narcisistas. Lo que es más importante recordar de todo esto es que, aunque las imágenes externas que describo parezcan polos opuestos, *interiormente* son muy parecidas. En otras palabras, puede que el modo de vida de las dos mujeres tenga un aspecto muy diferente, y que, por fuera, parezca que la hija triunfadora tiene más éxito, pero, por dentro, ambas oyen los mismos mensajes negativos que han interiorizado y las dos tienen problemas emocionales. Si sólo hay una hija en la familia, tiende a adoptar uno de los polos y convertirse o bien en triunfadora, o bien en alguien que se sabotea a sí misma.

¿Qué hace que alguien tome un camino y no otro? He pensado mucho en ello. Según mis estudios clínicos, por lo general, la hija triunfadora tuvo a alguien en su vida que le dio un amor y un apoyo incondicionales, normalmente el padre, una tía, abuela o maestra. La hija que se sabotea a sí misma no tuvo a nadie que la nutriera o sólo tuvo un acceso limitado a un adulto que cumpliera ese cometido durante su infancia.

Mi hermana y yo tomamos caminos totalmente opuestos, quizá porque, cuando ella era muy pequeña, nos alejamos de nuestra abuela, que fue una presencia amorosa para mí en mis primeros años y me ofreció aliento y nutrimento. Mi hermana no contó con esta conexión afectuosa especial con nuestra abuela y ha tenido más dificultades en ciertos campos de su vida que yo. Pero, sin ninguna duda, las dos hemos luchado contra esos mensajes internos críticos que nos infundieron.

Las hijas de madres narcisistas parecen identificarse con los extremos en todos los aspectos de su vida y parecen tolerar en exceso las conductas inusuales y aberrantes que, por supuesto, solían mostrar sus madres. En un momento dado, llegué a pensar que el título de este libro podía ser *Women of Extremes* (Mujeres de extremos). Un rápido repaso a lo que hemos aprendido hasta ahora pone de relieve los extremos con los que las hijas de madres narcisistas han aprendido a vivir:

- El narcisismo hace que una persona oscile desde unos senti-
  mientos grandiosos a una profunda depresión, casi como si
  sufriera un trastorno bipolar.
- Como trastorno con un modelo espectral, el narcisismo
  puede ir de unos cuantos rasgos a un trastorno a gran escala
  de la personalidad narcisista.
- El narcisismo materno se sitúa en uno de los dos extremos:
  absorbe o ignora.
- Las hijas de madres narcisistas parecen favorecer extremos
  opuestos de un continuo de modelos de vida, bien orientán-
  dose al éxito y triunfando, bien saboteándose a sí mismas.
- Las relaciones con los hombres tienden a ser codependien-
  tes o dependientes.

La brillante manzana roja con el gusano dentro

Las familias narcisistas están desconectadas emocionalmente.
Pueden parecer sólidas por fuera, pero es raro que se produzcan
una auténtica comunicación y conexiones entre los miembros de
la familia, porque los padres están centrados en sí mismos. Espe-
ran que los niños reaccionarán ante sus necesidades, en lugar de
al contrario, como sucede en una familia sana. En este sistema
disfuncional, los adultos no tratan con sentimientos reales y, por
lo tanto, no satisfacen las necesidades emocionales de los hijos.

En una familia sana, los padres están conectados emocionalmente,
son felices el uno con el otro, tienen el control de la familia y están en
la parte más alta de la jerarquía.[2] Su tarea es cuidar de los hijos, que es-
peran de ellos apoyo y protección. Los padres envían amor a sus hijos
y se esfuerzan por satisfacer sus necesidades físicas, emocionales, inte-
lectuales y espirituales. Un diagrama de la familia sana, adaptado de un
modelo de familia estructural utilizado en terapia, tiene este aspecto:

Modelo de familia sana

Límites alrededor
de la relación de
los padres

Madre y padre
vinculados el uno
con el otro

Jerarquía

Los hijos están todos
al mismo nivel

Se satisfacen las
necesidades de los hijos

Límites alrededor
de un padre o
madre solteros

Jerarquía

Los hijos están todos
al mismo nivel

Se satisfacen las
necesidades de los h

En las familias enfermizas, esta jerarquía se tuerce, y los niños acaban cuidando de los padres. En una familia con una madre narcisista, todos están pendientes de la madre y no se satisfacen las necesidades de los otros miembros de la familia. En la familia narcisista, la madre es el centro del sistema y el resto de la familia gira en torno a ella, al igual que los planetas que giran en torno al Sol, como en el diagrama que mostramos a continuación:

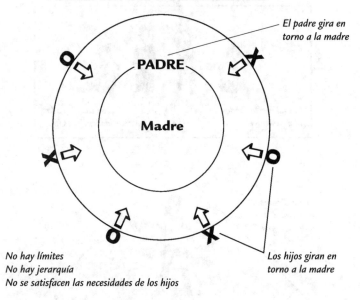

Familia con una madre narcisista

PADRE

*El padre gira en
torno a la madre*

Madre

*No hay límites
No hay jerarquía
No se satisfacen las necesidades de los hijos*

*Los hijos giran en
torno a la madre*

El diagrama muestra el ensimismamiento de la madre y el pacto del padre para cuidar de ella. En estas familias, la regla tácita es que no se habla de esta dinámica y se convierte en un secreto de familia. A fin de mantener la paz, los hijos tienen que permanecer en silencio y no crear problemas. Temen que los abandonen, lo cual hace que enmascaren sus auténticos sentimientos y finjan que todo está bien; un mecanismo de supervivencia. Al hacerlo, no aprenden a expresarse, ni siquiera a estar en contacto con sus sentimientos y, así, se condicionan para tener muchas dificultades interpersonales más adelante en su vida.

Cuando los niños no pueden confiar en que sus padres satisfagan sus necesidades, no pueden desarrollar un sentimiento de seguridad, confianza o fe en sí mismos. La confianza es un aspecto colosal para el desarrollo. Sin adquirir esa confianza en nuestros primeros años, nos costará mucho creer en nosotros mismos y sentirnos a salvo en las relaciones íntimas. Las hijas que crecieron en una familia narcisista informan, de modo uniforme, de una falta de confianza en su propia toma de decisiones, así como de dificultades para estar seguras en sus relaciones amorosas. En la sección de este libro dedicada a la recuperación, examinaremos qué se puede hacer respecto a este vacío en el desarrollo. Sin embargo, es importante comprender que solucionar las complicaciones derivadas de la confianza será una tarea de recuperación que durará toda la vida.

Con mucha frecuencia, cuando la madre es narcisista, quizá sea capaz de ofrecer algo del nutrimento más temprano, porque tiene el control del pequeño y puede moldearlo según sus deseos. Pero conforme el niño crece y desarrolla una mente propia, la madre pierde control y ya no tiene la misma clase de poder. Esto hace que empiece con su conducta degradante y crítica hacia la niña, con la esperanza de recuperar el control, lo cual hace que la hija pierda el sentido de la realidad. Incluso si aprendió un mínimo de confianza de pequeña, empieza a desaprenderla al crecer. Cuando hace peticiones naturales y razonables a su madre, que es incapaz de satisfacerlas, ésta se siente resentida y amenazada, y proyecta su ineptitud en su hija. Empieza a centrarse en los fallos de la hija, en lugar de en su propia capacidad limitada para cumplir con su cometido de madre.

Seguramente recuerdas que las características de la madre narcisista en el capítulo 1 incluían la idea de estar en su derecho. Esto significa que la narcisista cree que se merece lo mejor, el trato más importante, ser la primera de la cola, que la traten con un esfuerzo extraordinario, etc. También significa que la hija no podrá creer que ella tiene derechos, porque nunca hay cabida para las dos. Los sentimientos adultos de estar en posesión de ese derecho son insanos y disfuncionales; sin embargo, cuando somos niñas pequeñas, indefensas y dependientes tenemos derecho a importarle a alguien. Todas las niñas merecen tener a alguien en su vida que esté irrazonablemente loco por ellas. Gradualmente crecemos y dejamos atrás esta dependencia y ese sentimiento de tener derecho y aprendemos a cuidar y depender de nosotras emocionalmente, lo cual es señal de una salud mental estable.

A fin de cuidar de nosotras mismas según avanzamos por la vida, las chicas precisamos crear unos sólidos límites entre nosotras y los demás. También necesitamos ser capaces de declarar lo que nos hace falta en nuestras relaciones. La hija de una madre narcisista no consigue hacerlo, en particular si esas necesidades interfieren en lo que la madre quiere. Esto hace que la hija reprima sus sentimientos y necesidades, se niegue a sí misma y aprenda a ser falsa. Sin unos límites sanos, todas las relaciones se tuercen de alguna manera.

Fijar límites sanos requiere declaraciones directas y una comunicación clara. Por lo común, las familias narcisistas tienen un estilo de comunicación ineficaz y sesgado llamado «triangulación». En lugar de hablar con la hija, la madre quizás exprese lo que piensa y siente —por lo general, algo negativo y crítico— a otro miembro de la familia con la esperanza de que él o ella se lo dirá a la hija. Luego puede negar haberlo dicho, aunque el mensaje haya llegado, de alguna manera, a su destino. Esta triangulación en la comunicación es pasiva-agresiva y expresa el sentimiento de

«Ya te ajustaré las cuentas, pero no lo haré enfrentándome a ti directamente». Muchas familias, por desgracia, se comunican de este modo disfuncional, pero las familias narcisistas son la quintaesencia como ejemplo.

Durante la terapia aprenderás a decir las cosas tal como son. Sin más fingimientos ni fachada ni representaciones falsas de nosotras mismas.

Igual que una manzana roja y brillante que tiene un gusano dentro, la familia narcisista oculta un profundo dolor. Para comprender cómo esta dinámica en las relaciones ha predispuesto a la hija a crear inconscientemente modelos de vida insanos, tenemos que seguir hablando de lo que a la familia narcisista le preocupa de su imagen. «Todo tiene que ver con mamá» y «Todo tiene que ver con la imagen» son sus lemas.

5

La imagen lo es todo

PON UNA SONRISA
EN ESA PRECIOSA CARITA

«¡Imagen! La imagen es lo único que le preocupaba a mi madre. Estuvo obsesionada con las apariencias hasta el momento mismo de su muerte, a los cincuenta y cuatro años, debido a complicaciones surgidas durante una liposucción.»

Joanie, cuarenta y cinco años

«Pon una sonrisa en esa preciosa carita. Echa atrás los hombros, levanta la cabeza y no dejes que el mundo sepa que no eres feliz.» De niña, me decían esto repetidamente. No puedo contar las veces que tenía ganas de poner mala cara o echarme a llorar y mi madre me citaba esas frases. Duele sonreír si lo que sientes es tristeza, rabia, confusión o algún otro tipo de dolor. A veces, es bueno poner mala cara, estar triste o furiosa; en otras palabras, *ser real*.

Lo que se ve es más importante que lo que se siente

A las hijas de madres narcisistas se les dice claramente, con palabras o con el ejemplo de su madre: «Tu aspecto es más importante que quién seas o cómo te sientas». El «mensaje de la imagen» tiene poco que ver con una individualidad sana; surge de la inseguridad interna y de la fragilidad del ego de la madre narcisista. Por lo general, las narcisistas hacen una gran exhibición para que los demás piensen que son especiales o únicas, incluso pueden llegar a convencerse de que es así. Pero en su interior hay un yo desorientado y mal desarrollado que es muy pequeño, incompleto y defectuoso.

En nuestra cultura, el materialismo, la avanzada tecnología y la riqueza material refuerzan la importancia de la imagen y la presentación para todos. Pero las mujeres están sometidas a ello de un modo más constante y son más vulnerables a los persistentes ideales culturales de delgadez, buena forma física y perfección. Las hijas de madres narcisistas no sólo sufren la presión de la cultura, además las presionan los incesantes mensajes de su madre respecto a mantener una imagen perfecta. Para nosotras es un ataque doble. Estas fuerzas combinadas plantean un reto tremendo para la joven o la mujer que trata de ser ella misma. A continuación hablaremos de los mensajes relativos a la imagen que nos llegaron de nuestra madre y veremos cómo nuestra cultura narcisista cubre el pastel con un generoso refuerzo.

Proyectar la imagen «adecuada». Reflexiones maternas

En *Postales desde el filo,* la película basada en la novela semiautobiográfica de Carrie Fisher, la madre (Shirley MacLaine), que está enferma en el hospital, de lo único que se preocupa es de su pelo y su maquillaje, y le dice a su hija que no quiere que la entierren

sin las pestañas. La hija (Meryl Streep) le explica las característi-
cas familiares a un médico de la siguiente manera: «Estamos dise-
ñadas más para lo público que para lo privado».[1] Las mujeres a las
que he tratado y entrevistado están de acuerdo.

La imagen es lo que la madre quiere que el mundo vea de *ella*,
y espera que su hija pula más aún esa imagen, y la pasee por el
mundo en nombre de la familia. Pero a la mayoría de hijas estas
expectativas las abruman. No pueden cargar con la imagen de su
madre y les resulta difícil establecer la suya propia.

- Tonya, de veintiocho años, me confía: «Mi madre anhelaba
  que yo fuera la "chica imagen". Quería que fuera la chica
  más popular de la escuela, que saliera con un jugador del
  equipo de fútbol, que fuera *majorette* y reina del baile. Yo no
  era esa clase de adolescente y fui una gran decepción para
  ella. Tenía trastornos de ansiedad y una baja autoestima».

Las hijas interiorizan los mensajes maternos sobre la imagen,
unos mensajes que pueden persistir hasta bien avanzada su vida
como adultas independientes. Bella dijo: «He aprendido que todo
gira en torno a tu apariencia, no a cómo te sientes. Esto lo he in-
corporado en mi aspecto personal y en mi casa. Me gustaría no
hacerlo, pero no importa quién venga a casa, quiero que tenga un
aspecto bonito. La casa de mi madre siempre estaba limpia y bo-
nita. Yo no voy nunca sin maquillaje, excepto cuando estoy sola
con mi marido. Me gusta cuidarme y, si salimos, soy muy compe-
titiva con otras mujeres. Siento que la sociedad me presiona para
estar delgada, guapa y tener un aspecto agradable».

- «Esto de la imagen era un mensaje muy fuerte», dice Jessica,
  de cuarenta y tres años. «Hasta hoy, en mi casa mantengo las
  cosas con un buen aspecto y a punto de revista. En la familia,

nadie sabe que mi marido y yo tenemos problemas. Esto también ha hecho que me preocupe por mi aspecto. Ahora quiero operarme los pechos y estoy celosa de otras mujeres.»

- «Antes de morir, mi madre estuvo en coma durante un tiempo», recuerda Magda, de cincuenta y cinco años. «Las enfermeras le recogían el pelo hacia atrás, en una trenza, y estaba horrible. Cuando murió, fui al depósito y vi su cuerpo, todavía tenía aquella estúpida trenza. Mi padre la había vestido como es debido, pero ¡aquella trenza! Lo único que podía pensar era que ni muerta querría que la vieran con el pelo así.»

- A veces, estar a la altura de las expectativas de la madre exige renunciar a una elección personal. Charlie me dijo: «Mi madre dedicaba unos esfuerzos especiales al aspecto que teníamos mi hermana y yo. Siempre íbamos perfectamente conjuntadas con lazos, colores, zapatos y ropa. No recuerdo haber elegido nada de ropa hasta que tenía catorce años, por lo menos».

A veces, la madre hace caso omiso de los deseos de su hija y ésta puede acabar sintiendo que es un objeto, no una persona. Mi propia madre solía trenzarme el pelo tan apretadamente que los ojos se me torcían y yo me ponía a llorar diciendo que me dolía. Su respuesta era: «Para presumir hay que sufrir». Todavía no sé qué quiere decir exactamente. ¿Significa que si no tengo un cierto aspecto, no tendré éxito, no seré aceptada o querida? ¿Y que duele tener el aspecto adecuado? ¡Qué visión más alarmante del mundo! La incesante concentración en la belleza puede llegar a ser agotadora.

- Trisha, de treinta y cuatro años, dice: «Siempre estaba la cuestión del "aspecto". Mi madre me apartaba el pelo de la cara y decía: "¡Mira qué cara!" Cuando tenía trece años, me echó de casa a patadas porque llevaba el flequillo demasiado largo. Un día, se me acercó y, sin más, me cortó el flequillo».

- La madre de Sonja solía salmodiar: «Debemos, debemos, debemos mejorar nuestro busto». Y le decía: «Por todos los santos, hija, haz esos ejercicios. ¿No sabes que ningún hombre te hará caso si no tienes pecho?»

La obsesión con «el aspecto de las cosas» puede hacer que la madre (o abuela) narcisista descuide sus responsabilidades como madre. Amanda me habla del tiempo en que su hija se metió en problemas graves con la ley y tuvo que ir a los tribunales. Los periodistas locales se interesaron mucho en el caso, y había reporteros por todas partes. Amanda necesitaba el apoyo de su madre, pero a ésta le preocupaba demasiado su imagen para aparecer en público: «Dijo que no podía ir al juzgado conmigo y con su nieta porque no podía soportar que los medios vieran cómo se venía abajo. No paraba de hablar de que mis hijos siempre tenían problemas y que ella no había criado a sus hijos para que fueran así. ¡Cómo si se tratara de ella! ¡Siempre es más de lo que puede soportar!» Amanda mostró unas ciertas agallas cuando finalmente le dijo a su madre: «¿Sabes, mamá?, me gustan más mis hijos que los tuyos».

- Cuando Cassie era una adulta joven, llegó al punto en que no le contaba nada a su madre, porque ésta lo usaba como instrumento para demostrar lo estúpida o lo maravillosa que era Cassie, dependiendo de cómo la hacía parecer a ella. «Siempre quiso que me casara con un médico. Usaba mis logros como si fueran una insignia. Me preparaba citas con médicos cutres y luego me repasaba de arriba abajo para ver si tenía el aspecto adecuado. ¿Estaba presentable? ¿La avergonzaba?»

- Leslie, de cincuenta y ocho años, recuerda que de niña se preocupaba por la situación económica de sus padres. «Debían de hablar de ello delante de mí. Decidí que tenía que ayudarlos. Me entrené en la codependencia. Así que llamé a mi abuela y le pedí que, por favor, enviara algo de dinero a mis pobres padres para ayudarlos. Razonable, ¿no? Bien, mi querida abuela tenía también su poco de narcisismo. La siguiente vez que me vio me puso de vuelta y media. "¡No se te ocurra volver a llamarme ni decirme nada personal, en especial sobre el dinero y tus padres! Aquí, en el campo, tenemos una línea de teléfono compartida y los vecinos se podrían enterar." Veamos, por aquel entonces, yo debía de tener unos siete años. ¿Sabes qué? Sí, abuelita, no te volveré a avergonzar. Olvídate de lo que yo sentía, una niña que se preocupaba por sus padres. Me pregunto si entonces pensé: "¿Y yo qué?" Probablemente no. Debí de sentirme sólo como una niña mala que ha hecho algo mal, otra vez.»

- Si una hija no cumple con las metas que su madre ha establecido para ella, la niña puede sentir que sus auténticos logros no tienen ninguna importancia. Julie, de treinta años, recuerda: «Siempre que me preparaba para ir a la jornada de puertas abiertas de mi escuela con mis padres, mi madre me torturaba con la ropa que iba a llevar y cómo me iba a peinar. Nunca decía nada de que hubieran elegido mi proyecto como uno de los mejores de la clase. Nunca se tomaba el tiempo de revisar mis carpetas en cada una de las aulas. Nunca sentí que mi madre valorara las cosas que yo valoraba en mí misma».

- La incesante concentración en la imagen no deja espacio para los auténticos sentimientos. Con frecuencia, la hija se ve obligada a no ser sincera para encajar en la imagen de su madre. Maya, de veintidós años, me dijo: «Después de que mis padres se separaran, mi madre siempre me daba instrucciones para que me mostrara feliz cuando estuviera con mi padre. "No le muestres que sufrimos sin él", me decía. Yo lo estaba pasando mal, pero no quería desobedecerla, así que me sentía como si, literalmente, me pegara una sonrisa falsa en la cara. Y cuando mi padre me preguntaba cómo me iba, siempre decía: "Genial. ¡Todo va estupendamente!" Mentir así hacía que me sintiera culpable, como si estuviera traicionando a mi padre».

Como interiorizamos esta clase de mensajes a lo largo de la infancia y la adolescencia, nosotras mismas acabamos centrándonos en la imagen. Sentimos que nunca daremos la talla. Y la cultura narcisista en la que vivimos refuerza poderosamente estos mensajes de la infancia.

Proyectar la imagen «adecuada». Reflejos culturales

En la actualidad, la cultura estadounidense mantiene una imagen fundada en «qué» en lugar de en «quién». Mensajes para actuar, destacar y ser guapas bombardean todos los aspectos de la vida diaria y parece que la incidencia general del narcisismo está en auge. Como dice Alexander Lowen en su libro *El narcisismo: La enfermedad de nuestro tiempo*:

> Cuando la riqueza ocupa un puesto más alto que la sabiduría, cuando se admira más la notoriedad que la dignidad, cuando el éxito es más importante que el propio respeto, la cultura misma sobrevalora la «imagen» y debe ser considerada narcisista.[2]

Los esfuerzos de la juventud actual lo dicen con una claridad meridiana. Un artículo publicado en *USA Today* sobre la generación Y (edades entre dieciocho y veinticinco años) afirma que sus máximos objetivos en la vida son llegar a ser ricos y famosos:

> Cuando abres una revista del corazón, todo gira en torno al dinero y a ser rico y famoso [...]; todo, desde el programa de televisión *The Apprentice*, donde la sintonía es la «canción del dinero», a la revista *US Weekly*, donde ves a los famosos y sus casas de seis millones de dólares. En televisión, vemos *reality shows* donde Jessica y Nick se dan la gran vida. Vemos a Britney y Paris. La gente con la que nos relacionamos, aparte de nuestros amigos, son esas personas.[3]

Se podría hacer una exposición o un documental sobre la influencia de los medios en el narcisismo, en especial sobre la influencia de *realities* televisivos como *Dr. 90210*, *Drastic Plastic Surgery*, *It's Good to Be*, *MTV Cribs* y *Extreme Makeover*, por nombrar sólo unos cuantos programas. Me tropecé con un ejemplo especialmente triste en un episodio del llamado *Body Work*, que vi recientemente en TLC.

Una chica joven, de unos dieciséis años, acudía a un cirujano plástico para una operación en la nariz. Su madre se había sometido ya a varias operaciones y tratamientos con Botox con el mismo médico. El doctor le dice a la joven que es bonita. Ella le responde que puede que sea bonita, pero que no lo es tanto comparada con las otras chicas de la escuela. Va a una escuela privada y dice que allí sólo la perfección es aceptable.

¿Queremos que nuestras hijas piensen así? ¿Queremos que sean un reflejo de esta clase de «mentalidad de relumbrón»? Según un estudio nacional realizado por Girls Inc., llamado *The Supergirl Dilemma*, niñas de sólo diez años sienten «mucha presión para ser atléticas, bonitas y flacas, además de listas».[4] Casi todas las revistas para mujeres que hay en el kiosco están atestadas de artículos sobre cómo tener mejor aspecto, cómo atraer y conservar a un hombre elegible, cómo tener éxito profesional, incluso cómo criar hijos que triunfen. Pero la belleza sigue siendo lo fundamental. Según *The Supergirl Dilemma*, «lo que hemos descubierto señala lo esperado [...], que la apariencia de una joven sigue siendo su activo más importante».[5]

Como escribe Audrey Brashich en *All Made Up*:

Se dice que un 59 por ciento de adolescentes están insatisfechas con la forma de su cuerpo, un 66 por ciento quieren perder peso y más de la mitad afirman que la apariencia de las modelos en las revistas influye en su imagen de un cuerpo femenino perfecto. Además, algunas tienen más miedo a engordar que a una guerra nuclear, al cáncer o a perder a sus padres.[6]

Las imágenes vistas en espectáculos, pasarelas, televisión, revistas y en los medios en general tienen un efecto innegable en cómo se sienten las mujeres consigo mismas. La hija de una madre narcisista tiene que vérselas con esta creciente obsesión de los medios por la imagen además de con los deformados consejos maternos sobre que la apariencia lo es todo.

Las participantes femeninas de una encuesta realizada recientemente por Dove Corporation dijeron que se sentían presionadas para ser la imagen «perfecta» de la belleza tal como la pintan los publicitarios en nuestra cultura:

Un 63 por ciento están muy de acuerdo en que se espera que las mujeres de hoy sean más atractivas que las de la generación de su madre. Un 60 por ciento están muy de acuerdo en que la sociedad espera que las mujeres aumenten su atractivo físico. El 45 por ciento están convencidas de que las mujeres más guapas tienen mayores oportunidades en la vida. Y más de la mitad están muy de acuerdo en que las mujeres físicamente atractivas son más valoradas por los hombres. Más de dos tercios (68 por ciento) de mujeres están muy de acuerdo en que los medios y la publicidad establecen un estándar de belleza no realista que la mayoría de mujeres nunca podrá alcanzar. Bastante por encima de la mitad (57 por ciento) están muy de acuerdo en que los atributos de la belleza femenina están ahora definidos de una forma muy restringida en el mundo actual.[7]

Según el estudio de Dove, sólo el 2 por ciento de mujeres se describen como guapas y sólo un 13 por ciento están satisfechas con el peso y la forma de su cuerpo. Me impresionaron mucho las chicas de Dove que se dejaron fotografiar en ropa interior, e incluso desnudas, y que parecen estar liberándose del yugo cultural del perfeccionismo. Sin embargo, otros miles de mujeres siguen gastando entre 5.000 y 6.000 dólares para que les quiten la grasa superflua de los brazos.[8] Se pueden emplear métodos de retoque menos invasivos con una cámara de Hewlett-Packard, llamada Photosmart R-927, que tiene una característica adelgazadora que elimina digitalmente esos cinco kilos que se supone que la cámara engorda.[9]

En algunas familias de clase media y media alta, era costumbre que a una joven le regalaran un coche cuando cumplía los dieciséis años. Ahora, en muchos círculos, el regalo por la mayoría de edad es un implante mamario.

Como algunas personas están dispuestas a pagar un montón de dinero por «el aspecto», las operaciones de cirugía estética se están disparando. Entre 1997 y 2003, el número de intervenciones cosméticas en Estados Unidos aumentó en más del 220 por ciento, y cada vez más, las adolescentes reciben como regalo de graduación un aumento de senos. En un año, el número de jóvenes de dieciocho años y menos que se hacían implantes mamarios se multiplicó casi por tres, pasando de 3.872 en 2002, a 11.326 en 2003.[10]

Yo empecé a tratar de contrarrestar el asalto de los medios cuando mi hija sólo tenía cinco años, diciéndole: «Lo que importa es lo que hay en el interior». Un día, ella y su amiga de cinco años estaban de pie delante de un espejo acicalándose y mirándose el pelo. Su amiguita dijo: «¿Verdad que somos guapas, Megan?» Mi hija, bien informada, pero demasiado pequeña para comprender le respondió: «Mi mamá dice que es agradable que seamos bonitas, pero que son nuestros intestinos y nuestras venas lo que de verdad importa». Sí, de acuerdo, es posible que yo empezara un poco demasiado temprano, pero trataba de transmitirle un mensaje importante para el futuro.

Reflejos auténticos

Una niña absorbe cómo ser mujer, esposa, amante, amiga y madre tanto de su madre como de su cultura. Cuando una madre sana y segura ayuda a su hija a controlar la avalancha cultural de mensajes sobre la imagen relacionada con la celebridad, la riqueza y la belleza perfecta, la hija recibe el mensaje correcto de que la feminidad sana tiene que ver con quién es: su sistema de valores, sus principios, valentía, integridad, fortaleza interna, capacidad para el amor y la empatía y su modo personal de conducta. Pero las mujeres a las que enseñaron que su apariencia es más importante que los sentimientos personales, la identidad, los valores y la autenticidad se sienten vacías. Siempre que oigo a Tina Turner cantando «What's Love Got to Do with It?» (¿Qué tiene que ver el amor con esto?), me gustaría que el mensaje fuera

«What's *Beauty* Got to Do with It?» (¿Qué tiene que ver la belleza con esto?). En realidad, el amor lo tiene que ver todo con nuestro desarrollo sano.

A fin de recuperarnos de este vacío y visión de la vida orientada a la imagen, lo primero que la hija de una madre narcisista tiene que aprender es cómo sintonizar con quién es como persona. Empezará decidiendo qué cosas la hacen bella y única, y separándose de las reacciones no auténticas y automáticas de las personas de su entorno a las cuales se ha acostumbrado. Sin embargo, antes de empezar con estos importantes pasos de recuperación, quiero que veas cómo tu infancia con una madre narcisista ha afectado tus decisiones sobre tu profesión, tus relaciones, tu crianza y tu lugar en el mundo. Ven conmigo y, juntas, veremos algunos patrones definidos.

SEGUNDA PARTE

CÓMO UNA CRIANZA NARCISISTA AFECTA A TODA TU VIDA

En la sección anterior, establecimos las características y la dinámica del narcisismo materno. Ahora veremos cómo esa dinámica afecta directamente a tu vida.

Las hijas de madres narcisistas absorben este mensaje: «Me valoran por lo que hago, en lugar de por quién soy». Conforme maduramos, este poderoso credo puede hacer que actuemos de dos maneras tremendamente diferentes: persiguiendo un gran éxito profesional o saboteándonos a nosotras mismas.

Que nos críe una madre narcisista tiene efectos de largo alcance que se graban en nuestro espíritu. Para eliminar esta marca y llegar a ser tú misma, tendrás que trabajar en el programa de recuperación de la tercera parte. Pero primero es preciso que identifiques cuál es tu modelo de conducta.

6

¡Me esfuerzo tanto!

LA HIJA QUE SE EXIGE ALCANZAR UN GRAN ÉXITO

«A una edad muy temprana, debía de tener unos diez años, decidí que trabajar duro era el único medio que tenía para sentirme bien conmigo misma y para compensar todos los mensajes de "No soy lo bastante buena". Me gustaría que alguien me hubiera dicho que hacerlo no me satisfaría como yo imaginaba. En aquellos momentos, la escapatoria del trabajo duro sonaba bien.»

Kerry, treinta y cinco años

La hija que se exige mucho a sí misma, a la que llamo Mary Marvel,[1] se lanza a perseguir un torbellino de logros, empeñada en demostrar a su madre y al mundo entero lo buena que puede llegar a ser. «Valgo —trata de decirse y decirle a su madre— debido a las cosas extraordinarias e impresionantes que puedo lograr.» Le resulta difícil quererse sólo con ser quien es. Basa su valía en sus logros y su actividad. Cuando no está consiguiendo algo que ella misma (u otros) creen que es grande, siente que no tiene ningún valor. Este tipo de persona se convierte en un «hacedor humano», más que en un «ser humano», al que aceptan y que se siente cómoda siendo ella misma.

Esas mujeres parecen ser superhéroes, pero su productividad y sus logros no hacen que se sientan completas o cómodas por dentro. Nunca se reconocen el mérito del que son acreedoras y luchan continuamente contra sentimientos de deficiencia. Mientras, buscan constantemente más cosas que puedan hacer para demostrar su valía, con frecuencia agotadas crónicamente, inconscientes de cómo este impulso para lograr cosas inhibe su capacidad para cuidar de sí mismas. Las Mary Marvel pueden tener un nivel profesional y de educación altos o ser amas de casa perfeccionistas, pero les parece que nada de lo que hacen es nunca lo bastante bueno.

¿Eres una Mary Marvel? Una manera de identificar si es así es ver cómo te defines. ¿Normalmente, te describes como quién eres: «Soy una persona buena y cariñosa que hace todo lo que puede por ser honrada y vivir una vida que contribuya a la sociedad de alguna manera significativa»? ¿O tu identidad está más estrechamente ligada a lo que haces: «Soy la directora general de una gran compañía, soy la propietaria de una empresa, soy abogada o soy la madre de cuatro hijos y líder de las Girl Scout y, además, doy clases en la escuela dominical»?

Quizás hayas aprendido que tienes que ser alguien que hace cosas para tu madre, a fin de que te acepte o apruebe. Si tu madre era una narcisista «orientada a los logros», como decíamos en el capítulo 3, tú has crecido emulando este papel y siguiendo la regla de que tenías que «lograr para valer». A pesar de que esto es lo que se esperaba de ti, tus éxitos no te hacen sentir mejor contigo misma. Porque no importa lo mucho que te esfuerces por lograr y rendir, en tu interior sigues oyendo el mensaje: «No es suficiente».

Esta actitud es frustrante, triste y difícil. Siempre está el impulso de hacer más, pero hacer más sólo te hace sentir mejor contigo misma temporalmente. Así que subes las apuestas, esperando que, de alguna manera, al final *dará* resultado. La mayoría de madres narcisistas no comprenden el origen de este impulso, pero sienten que necesitan alimentarlo. Como dicen Pressman y Pressman en su libro *La familia narcisista,* «Las raíces de la adicción al trabajo se siembran en los hogares narcisistas; "Hago, por lo tanto soy" podría ser el lema de muchos adultos, hijos de esos hogares».[2]

- Rosa es una mujer bonita, pero tiene un aire agobiado y siempre hace más trabajo del que le corresponde dentro de cualquier grupo. Explica: «Tengo que trabajar mucho sólo para justificar mi presencia allí; tengo que hacer, y hacer y hacer».

- Madre de tres hijos y profesora universitaria, Jerilyn inició su camino a una edad muy temprana. Cuenta: «Llevo en esta carrera por la calidad desde que era niña. Sobresalientes, cursos de nivel superior en el instituto, todos los deportes ofrecidos, todos los programas de música, cursos de excelencia académica, fui directa a la universidad y luego a la escuela de posgrado. Todo genial, pero de alguna manera parece que estoy tratando de demostrar algo para justificar mi existencia».

Tengo que reconocer que yo encajo en esta categoría. Algunas veces, he conseguido reconocerme el mérito de lo que he logrado, pero incluso cuando lo he hecho, sigo sintiendo que podría faltar algo. A lo largo de mi vida, me ponía furiosa cuando otros me preguntaban por qué hacía algo más: otro título, otra idea de negocio, otro proyecto importante. Es probable que tú misma no te lo puedas explicar hasta que te hayas recuperado por completo y desvelado toda la dinámica que hay detrás. Nosotras, las hijas, quizá tratemos de explicarnos diciendo que somos personalidades del tipo A o sólo excesivamente ambiciosas. Pero, en nuestro interior, sabemos que esa febril competitividad personal tiene otra causa. Un sueño recurrente que tenía en los años que precedieron a la escuela de posgrado ilustra esta compulsión inconsciente a trabajar cada vez más duro y hacerlo bien:

Estoy delante de un espejo en la habitación, tratando de vestirme. Según me pruebo varios conjuntos diferentes, con una lentitud ardua y frustrante, nada parece bien ni funciona correctamente. A pesar de todo, sigo cambiándome de ropa. Una voz en el pasillo fuera de la habitación me llama: «Venga, vamos, ya estás bien tal como estás».

Durante años, malinterpreté este sueño, pensando que tenía algo que ver con la impaciencia de mi marido cuando nos preparábamos para ir a algún sitio. No obstante, al final comprendí que la voz del pasillo era mi intuición que me llamaba, validando que estoy bien como estoy.

Bien, ¿esto qué significa?

Si encajas en la descripción de Mary Marvel, quizá te estés preguntando: «Pero ¿qué pasa si mis decisiones son mías y hago lo que quiero, pero da la casualidad de que son de un nivel más alto del que la mayoría quiere alcanzar? ¿Está mal?» Por supuesto, un número significativo de personas con resultados de alto nivel están haciendo cosas que realmente quieren hacer. Muchas hijas de madres narcisistas que eligieron el camino de Mary Marvel son mujeres asombrosas, con mucho talento, y celebro sus múltiples cualidades. De hecho, a veces, el legado de una madre narcisista acaba siendo un regalo que proporciona un impulso interior que otras quizá no tengan. Una mujer, una artista con un talento excepcional, lo explicaba así:

Siempre he sentido que mi arte era algo «intocable»; mi narcisista madre no podía afectarlo, porque era algo interno y, por lo tanto, no estaba sometido a su influencia. Era un goce privado que florecía y prosperaba conforme yo crecía. Tenía que pasar tanto tiempo dentro de mí, sin molestarla, callada e invisible, que mi habilidad para el dibujo se convirtió en un producto natural de esa actitud. Si tuviera que presentar un resultado positivo de vivir en un hogar narcisista, esto ocuparía el primer puesto de la lista.

Si eres alguien que quiere conseguir grandes cosas, persigues los sueños que has elegido, reconoces tus méritos y cuidas de ti misma, lo estás haciendo *muy* bien. Un alto rendimiento sólo llega a ser un problema si:

- Tienes problemas médicos o mentales asociados con tu falta de cuidado de ti misma.
- Sólo buscas la validación externa para definir tu propia valía.
- Crees que no puedes reconocerte el mérito de lo que consigues en todos los aspectos de tu vida.

Veamos cada una de estas trampas de Mary Marvel para que puedas asegurarte de que no te han atrapado en sus redes o, si lo han hecho, para que puedas tomar medidas para salir de ellas.

La falta de cuidado propio

El ajetreo y la adicción al trabajo pueden ser conductas autodestructivas parecidas al alcoholismo y la adicción a las drogas o la comida. Si estás crónicamente exhausta, ves que no puedes frenar, y estás empezando a tener problemas de salud, es hora de hacer inventario para ver si tus actividades encajan en tu propio sistema de valores (y no en el de tu madre o en el de tu crítico interiorizado) y si son sanas para ti. Parecer fuerte e invulnerable por fuera puede ser un intento de escapar del vacío y el dolor de unos sentimientos de falta de valía en el interior. Veamos ejemplos de algunas mujeres que han empezado a reconocer esta conducta.

- Summer se siente valorada por lo que hace más que por quién es. «Soy una bestia de carga. Soy así porque mi madre me entrenó para serlo. No sé parar. Y eso está afectando a mi salud. Tengo esclerosis múltiple, me han hecho nueve biopsias de mama en los últimos meses, tengo síndrome de colon irritable, no puedo mantener el peso y tengo artritis. Trabajo a jornada completa, y por las noches llevo la contabilidad de cuatro clientes y soy líder del grupo de Girl Scouts de mis hijas, entrenadora de juveniles, hago joyas y conservas de verduras. Todos me miran por lo que hago, sin darse cuenta de que también hay un *yo* dentro. No puedo sentarme. Es como si estuviera saltando por encima de pequeños edificios de un brinco y, si me sentara, me estrellaría.»

- Bernie mira su empeño en rendir al máximo con un cierto pesar. «Nunca he estado de baja en el trabajo, ni siquiera cuando me sentía fatal. En todos los trabajos que he tenido he dado el cien por cien. De hecho, en todo lo que hago, doy el cien por cien. Es lo único que me hace ser lo bastante buena. Cuando mis hijas crecían, a veces me entregaba demasiado a mi trabajo, cuando debería haber estado en casa con ellas. Ahora siento remordimientos, además de que me han diagnosticado una fibromialgia.»

- Marlo, de cuarenta y cinco años, me dice: «Siempre rindo al máximo, soy una perfeccionista de tipo A en mi trabajo, mantengo una casa inmaculada, me fijo sin cesar nuevas metas que quiero alcanzar. Nunca me parece que ya está bien y siempre creo que tengo que hacer más. Siempre siento ansiedad, preocupación y un estrés excesivo».

Una vez que reconozcas que estás tratando de poner parches a tu vulnerabilidad con diversos modos de logro, verás que te estás estafando y que estás estafando a los que quieres. Entonces, podrás dar pasos para cambiar.

La validación interna frente a la externa

La necesidad de validación puede ser una trampa sin salida. Si una niña no recibió validación en sus primeros años de desarrollo, y de joven no es capaz de validarse a sí misma, con frecuencia sucumbirá al señuelo de hacer más y esforzarse más de manera que le gane la validación de los demás. Es una seducción inconsciente, porque las Mary Marvel son casi siempre muy diestras y competentes. Por lo tanto, no es difícil obtener validación externa de amigos, familia, trabajo o de la sociedad en general. Los elogios parecen llenar el vacío, pero depender de las alabanzas externas puede crear ansiedad. Como es una validación *externa,* esa hija no es dueña de ella ni la controla y se la pueden arrebatar en cualquier momento. Si no continúa rindiendo al máximo, la validación también desaparecerá.

En cambio, cuando aprendes a confiar en ti misma, descansas plácidamente por la noche. Aprenderás más sobre cómo hacer esto en la sección de recuperación de este libro, pero veamos ahora más de cerca por qué te resulta tan difícil reconocer tus méritos.

¿Soy arrogante?

Muchas hijas temen reconocer sus méritos. En las raras ocasiones en que lo hacen, se sienten como si estuvieran comportándose como unas narcisistas o, como mínimo, siendo arrogantes, como su madre. Si te preocupa emular a tu madre de esta manera, recuérdate que la auténtica narcisista tiene «un sentido grandioso de su propia importancia, es decir, exagera sus logros y sus cualidades, espera ser reconocida como superior, sin unos logros acordes».[3]

La narcisista es arrogante de un modo falso, y la mayoría de veces sin nada que respalde su borrachera jactanciosa. Necesita parecer más grande de lo que es, porque se siente incompetente. Pero la mayoría de las Mary Marvel con un alto rendimiento tienen una tonelada de logros muy reales, porque han trabajado muy duro. No es narcisista enorgullecerse de nuestros logros y habilidades. No necesitas jactarte, sino reconocer tus méritos. Al reconocer el mérito cuando es debido, puedes frenar la feroz carrera de hacer, hacer, hacer. Siéntete bien con lo que ya has hecho.

¿Soy una impostora?

Otra razón de que las Mary Marvel tengan dificultades para elogiarse interiormente es un temor llamado el «síndrome de la impostora». Alguien que padece este síndrome es incapaz de aceptar o declarar sus logros, sin importar el nivel de éxito que haya conseguido o mantenido. Quizá tenga abundantes pruebas de sus logros duramente conseguidos, incluyendo riqueza y bienes materiales, pero sigue convencida de que no se merece su éxito o de que es simplemente un fraude. No hace caso de los signos externos de sus éxitos, diciendo que son cosa de la suerte o que era el momento oportuno. Una «impostora» suele sentirse como si se hubiera valido de engaños, haciendo que los demás pensaran que era más inteligente o hábil de lo que ella misma cree ser. La mayoría de personas que reconocen sentirse como impostoras son mujeres, aunque hay pruebas de que muchos hombres también se sienten así.

Las hijas triunfadoras con madres narcisistas corremos el gran riesgo de sufrir el síndrome de la impostora, porque nos criaron para pensar que nunca éramos lo bastante buenas. Cuando una mujer no siente su valía interna, cree que no tiene mérito y no puede aceptar el éxito ni el reconocimiento.

- Lonnie, de cuarenta y seis años, una muy brillante y consumada propietaria de su propia empresa de ropa, lo dice así: «Tengo la habilidad de parecer competente cuando, en realidad, yo no creo serlo. Siempre me preocupa que alguien descubra que no soy muy buena en mi trabajo. Sólo sé montar un buen espectáculo. Esto me molesta y sé que algún día, alguien lo descubrirá y dirá que soy una impostora».

- Ellen, de cincuenta y siete años, próspera agente inmobiliaria, no atribuye su éxito a sus propios esfuerzos: «Cada vez que hago una gran venta, aunque sé que me he dejado la piel, pienso que es suerte o sólo chiripa que el dinero viniera a mis manos, una vez más, y predigo que la próxima vez será un fracaso».

- Karena, de treinta y ocho años, recuerda cómo se sintió después de recibir su doctorado: «Escribí aquella maldita tesis, pero créeme, nunca dejaré que nadie la lea. No quiero que nadie vea lo estúpida que suena. Es asombroso que consiguiera el título. Puede que mi campo sea particularmente fácil o que los profesores pensaran que tenían que aprobarme después de tanto tiempo».

En los ejemplos anteriores, vemos cómo las mujeres rebajan sus éxitos reales. Además de estas tendencias, las hijas que alcanzan grandes logros tienden a menospreciarse y quitar importancia a sus atributos positivos, porque temen que alguien las encuentre arrogantes. Esta conducta es un vestigio de haber crecido siendo el blanco de la envidia de su madre.

Un artículo titulado «Introducción al síndrome del impostor», detalla algunas dinámicas familiares narcisistas.

> Actitudes, creencias, mensajes directos o indirectos que recibimos de nuestros padres o de otras personas significativas, al principio de nuestra vida, pueden haber contribuido al desarrollo de sentimientos de impostura. Ciertas situaciones y dinámicas familiares tienden a favorecer a esos sentimientos: sucede cuando el éxito y las aspiraciones profesionales entran en conflicto con las expectativas familiares de género, raza, religión o edad de la persona. Estamos ante familias que imponen unos estándares poco realistas, que son muy críticas y que están atormentadas por los conflictos y la ira.[4]

Las hijas que alcanzan un nivel muy alto y sufren el síndrome de la impostora corren un gran riesgo de padecer «una ansiedad generalizada, falta de autoconfianza, depresión y frustración, relacionadas con la incapacidad para satisfacer unos estándares autoimpuestos de rendimiento»,[5] y no pueden dejar de demostrar su valía hasta que realizan un programa de recuperación.

Incluso después de amplias y repetidas experiencias de éxito, el sentir de la impostora no parece disminuir. Es el duradero poder de los mensajes interiorizados. Mujeres increíblemente competentes cuentan las siguientes historias:

- Lillian quiere relajarse y descansar en sus laureles, pero no puede. «De niña, nunca pude estar a la altura. Si llevaba un notable a casa, siempre me preguntaban: "¿Y el sobresaliente?" Si limpiaba el baño, tenía que volver a limpiarlo porque no estaba lo bastante limpio. Ahora que soy adulta, soy una guionista de éxito y, por fin, tendría que poder sentir algo de ese triunfo, pero nunca me reconozco ningún mérito, porque nunca sé cuándo llegará la siguiente crítica. Podría pasar algo que hiciera que mi orgulloso yo cayera, una vez más, en la vergüenza.»

- Cassidy siempre duda de ella misma: «Fui a la facultad de medicina y lo hice muy bien. Siento una profunda pasión por ayudar a los demás y me encanta mi trabajo. La gente me llama "doctora", me admiran y me piden ayuda y consejo. Aunque veo que ahora tengo estos importantes conocimientos, me pregunto si me permitiré reconocer mi mérito por todo el duro trabajo que he hecho. Tengo unos resultados excelentes y siempre los he tenido, pero mi madre siempre me advertía: "Que no se te suba a la cabeza"».

- Lela, de cincuenta y nueve años, se asegura de cuidarse, pero aunque «Me siento bien algunas veces, nunca dura mucho. Mi autoestima puede hacerse pedazos con facilidad. Dudar de mí misma está a sólo un paso de distancia. Con frecuencia, mi marido me dice: "¿Tienes idea de lo absolutamente maravillosa que eres?" Me deja atónita que me concedan premios. ¿Por qué habrían de elegirme? Mi currículum tiene seis páginas, pero ni siquiera puedo decirme "¡Bien hecho, chica!"».

- Jeanie, de cuarenta y cinco años, dice: «Todo estaba en mi contra. No tenía ningún apoyo en casa. La validación la

conseguía en la escuela. Participaba en concursos de orato-
ria, practicaba deportes, pronunciaba los discursos en la ce-
remonia de graduación. Pero por dentro lloraba hasta caer
dormida por la noche. Desde los catorce a los veinte años,
estuve deprimida sin saberlo. La escuela era mi válvula de
escape. Allí era donde me decían que era lista y que lo hacía
bien. Aceptaba los premios encogida, con la cabeza gacha.
De adolescente, me tapaba con un montón de ropa. Tenía
buen tipo, pero quería ocultarme a la gente. No tenía ningu-
na seguridad. Era muy modesta. No podía pregonar mis
cualidades, porque mi madre me habría maltratado emo-
cionalmente. Todavía me quito importancia ante los demás.
Nadie me ofreció orientación. En la empresa, conseguí pa-
sar de nada a triunfar en el mundo corporativo. Sin infor-
mación sobre cómo hacerlo, ahora trabajo en relaciones pú-
blicas y soy una profesional avezada. Sé que he trabajado
mucho, pero siempre me siento como un fraude, una im-
postora. Siempre me menosprecio. Es un modo agotador de
vivir».

Las madres narcisistas de estas mujeres con talento, experi-
mentadas, incluso sensatas y conscientes de sí mismas se apropia-
ron de sus primeros logros. Pero ahora ellas continúan haciéndo-
se lo mismo. Yo encuentro consuelo e inspiración en este pasaje,
uno de mis favoritos de Marianne Williamson, y espero que tú
también lo encuentres. Y confío en que empieces el proceso de re-
cuperación de la tercera parte.

Nuestro miedo más profundo no es que seamos ineptas. Nues-
tro miedo más profundo es que seamos poderosas más allá de
toda medida. Es nuestra luz, no nuestra oscuridad lo que más
nos aterra. Nos preguntamos: ¿quién soy yo para ser brillante,

preciosa, tener talento, ser fabulosa? En realidad, ¿quién eres para no serlo? Eres hija de Dios. Quitarte importancia no le sirve al mundo. No hay nada inteligente en encogerse para que otros no se sientan inseguros a tu lado. Estamos hechos para brillar, como hacen los niños. Nacimos para manifestar la gloria de Dios que llevamos dentro. No está sólo en algunos de nosotros; está en todos. Y cuando dejamos que nuestra luz brille, inconscientemente les damos permiso a otros para hacer lo mismo. Cuando nos liberamos de nuestro propio miedo, nuestra presencia libera, automáticamente, a otros.[6]

¿El zapato de cristal te va bien?

Si crees que encajas en la descripción de Mary Marvel, tienes que saber que no eres la única. Tu camino hacia la recuperación será claro en la tercera parte del libro. Muchas hijas de madres narcisistas han recibido el mensaje de hacerlo bien, pero no demasiado bien, porque podrían eclipsar a mamá. No quiero daros también un mensaje contradictorio, así que déjame que te repita que tus logros son una auténtica maravilla. Has vencido enormes obstáculos y eres una mujer asombrosa, y ahora necesitas cuidarte y reconocerte el mérito que tienes. Entonces podrás disfrutar de la maravilla que eres y valorarte como mereces.

7

Total, ¿para qué?

LA HIJA QUE SE SABOTEA A SÍ MISMA

«También Chrissie veía las ventajas de la vía de escape que le ofrecía trabajar duro, pero no la tomó. Había una vena perversa, malvada y rebelde en ella, que la ha llevado a una especie de liberación. Ella, que era menuda y astuta, había visto lo que pasaba. ¿De qué te servía trabajar tan duro, aprobar los exámenes, ir a la universidad como una buena chica? Acababas sintiéndote desdichada, encerrada y atrapada de todos modos.»

Margaret Drabble, *The Peppered Moth*[1]

Todas las hijas de madres narcisistas abandonan, hasta cierto punto, por el camino. Porque cada una de nosotras no era más que una niña, no una guerrera veterana, cuando tuvo que empezar a librar batalla tras batalla por su propia identidad. Ninguna ha podido satisfacer las expectativas de su madre. Aquellas que no llegamos a alcanzar unos resultados por encima de lo normal para demostrar que nuestra madre se equivocaba elegimos el camino totalmente opuesto y descargamos nuestra ira contra nosotras mismas, saboteando, sin darnos cuenta, nuestros propios esfuerzos. Al sentirnos furiosas contra nuestra madre por crear una situación en la que nadie ganaba, donde ella nunca nos aprobaba, en la práctica le estábamos diciendo: «¿Lo ves? ¡Te estoy demostrando que no puedo ser la que quieres que sea!»

La que se sabotea a sí misma es la gemela interna de la que siempre consigue resultados excepcionales. Aunque haya seguido caminos diferentes y creado modos de vida opuestos, su paisaje interior y sus problemas emocionales son los mismos.

¿Te saboteas a ti misma? Algunos de los rasgos son:

1. Abandonar.
2. Adormecer el dolor con adicciones varias.
3. Estancarse en modos de vida autodestructivos.
4. Rendir menos de lo que podrías.

Veamos algunas historias de hijas de madres narcisistas que se sabotean a sí mismas:

- Taryn siempre juega sobre seguro. Es raro que pueda señalar un caso de su vida adulta en el que se arriesgara para conseguir lo que quería. «Soy alguien que siempre consigue menos de lo que podría debido al mensaje de "Nunca me siento lo bastante buena". El miedo al fracaso me impide hacer lo mejor de lo mejor. Si me mantengo en el camino intermedio, no tengo que enfrentarme al fracaso. Tengo grandes ideas y aspiraciones, pero son más sueños que metas. Me digo: "Ah, sería bonito hacerlo", pero no lo hago. Es posible que no lo hiciera bien.»

- Sandra no tiene reparos en describirse como alguien que rinde menos de lo que podría. «No siento la necesidad de ser fantástica en nada de lo que hago. De todos modos, nunca fui lo bastante buena, así que ¿para qué molestarse? A los cincuenta años, compré una floristería, pero nunca me esforcé de verdad para lograr que tuviera éxito. Nunca me he esforzado por ser competitiva en el trabajo. Me limitaba a hacer lo que tenía que hacer.»

- Sally siempre tiene alguna excusa para perderse todas las oportunidades, y dice: «Tiendo a no involucrarme. Rehúyo participar. Soy muy lista, pero no tengo confianza. Podría haber hecho más, pero tenía miedo y no me alentaban. El principal mensaje que recibí fue que me casara, y eso fue lo que hice».

¿Por qué algunas hijas se convierten en alguien que alcanza grandes éxitos y otras se sabotean a sí mismas? He descubierto que, la mayoría de veces, las primeras han tenido a alguien especial en su vida, una abuela, una tía, un padre o un pariente cercano que les dio mensajes positivos para contrarrestar o hacer frente a los negativos que les transmitía su madre. Muchas veces, esta persona especial era cariñosa, empática y estimulante. Las mujeres que se saboteaban a sí mismas no solían tener a nadie así para ayudarlas o, si lo tenían, no fue durante el tiempo suficiente para cambiar las cosas.

¿Por qué se sabotean a sí mismas?

Los modelos y problemas emocionales de la mujer que se sabotea suelen ser una reacción de supervivencia ante su crianza enfermiza. Raras veces, tomamos la decisión consciente de autodestruirnos. No obstante, si una niña carece de apoyo y nutrimiento maternos, lo más probable es que tenga dificultades para comprender y procesar sus sentimientos. Si tu madre negaba sus propios sentimientos, tampoco iba a permitir que tú tuvieras ninguno tuyo.

Las niñas creen que la madre es la auténtica fuente de todo y tiene todas las respuestas. Si a una madre no le gusta su hija o cree que no es lo bastante buena, la niña creerá que es poco agradable y que no está a la altura. Si nadie cuestiona esta distorsión y le muestra que es digna y merecedora de atención, la niña interiorizará estos sentimientos negativos y acabará decidiendo que no puede ser de otra manera.

Deja que adormezca mi dolor

Abandonada con sus sentimientos enterrados y sin procesar, la hija empieza a buscar mecanismos de defensa para hacer frente a su desdicha, su tristeza y su vacío. Puede caer en profundas depresiones o desarrollar trastornos alimenticios, adicciones a las drogas o al alcohol para tratar de remediar el dolor y la ineptitud que siente, o mostrar otros trastornos emocionales que disfrazan o desvían la atención del origen de su sufrimiento. Esto se convierte en un ciclo vicioso que la mantiene entumecida e inmóvil. Conserva su incapacidad para lograr cosas sanas para sí misma y, a la vez, refuerza sus sentimientos de falta de valía. Aparta a los demás con conductas destructivas, lo cual la deja sola y vacía.

- La conducta de Sherri fue empeorando a lo largo de varios años. «Estaba saboteando mi vida. Mucho sexo, búsqueda desesperada de amor. Empecé a beber en el instituto. Incluso me convertí en cleptómana hace un par de años, una escapatoria genial que duró alrededor de un año. Era como beber, excepto que se trataba de robar. Podía huir del dolor. Pero ¡qué lástima! La había emprendido contra mí misma.»

- Incapaz de motivarse para hacer cambios en su vida, Meredith, veintiocho años, es un ejemplo clásico de baja autoestima. Fue a la universidad, pero no se esforzaba y, al final, lo dejó. Es consciente de que se está haciendo daño a sí misma, pero todavía puede predecir acertadamente: «Si trato de hacer algo importante, tiendo a tener ataques de pánico».

- Athena y sus hermanas tienen trastornos alimenticios. «Mi hermana mayor es anoréxica y yo soy bulímica. Otra hermana es las dos cosas. Todas hemos estado hospitalizadas por esos trastornos y hemos tenido sesiones de terapia junto con nuestra madre. Ella siempre le echa la culpa a los medios, pero constantemente menosprecia a la gente que no tiene un aspecto perfecto. Dice cosas horribles como "¿Cómo puede esa mujer comer de esa manera? Come como una cerda. ¡Y mira el pelo de aquélla!" En la playa hace comentarios sobre el cuerpo de la gente y su celulitis. Ahora tengo sobrepeso y probablemente siempre lo tendré. Me he rendido.»

- Nelly, de treinta y cinco años, dice: «Desde que era pequeña, siempre he pensado que me pasaba algo malo. Pasaba por largos periodos de depresión, incluso estuve hospitalizada. Muchas veces, mi única meta era conseguir superar el día. Con frecuencia, quería buscar el edificio más alto y, ya sabes, dar un salto al vacío. Al final, decidí que no podía enfadarme ni tener sentimientos. Lo anestesié todo, lo bueno y lo malo. Cuando comprendí que había algo mal en la forma en que me criaron, empecé a hacer algunos grandes cambios».

- Gail, después de vivir durante años en un estado de negación, hace poco que se sinceró consigo misma respecto a qué se ha convertido su vida: «Soy una maldita alcohólica. Mi madre también lo era. ¡Y yo juré que nunca sería como ella! La peor parte de esto es lo destructivo que es para mi vida. Puedo hacer que pasen grandes cosas y, justo antes de cosechar la recompensa, voy, me emborracho y lo fastidio todo. Es como si saboteara todo lo bueno, y no llego a ninguna parte».

- MariAnn nunca fue capaz de estar a la altura de lo que su madre quería. Empezó a consumir drogas al principio de la adolescencia y a los veintiséis años todavía sigue luchando contra la adicción. «Me ha destrozado la vida —comenta—. Trabajaba en la consulta de un médico y me metí en problemas por robar analgésicos de receta del armario. Pensaba que era genial hasta que me pillaron y me acusaron de un delito. Ahora voy a Narcóticos Anónimos y estoy limpia, pero me ha costado mucho tiempo darme cuenta de que estaba saboteando todo lo bueno que había en mi vida. Me entristece pensar en todos los años que he malgastado.»

- Damaris está empezando a aceptar algunas verdades dolorosas. «Sentir que no eres digna de cariño tiene unos efectos devastadores. Siempre siento que me van a rechazar, que no me van a aceptar, así que siento que no puedo mostrarme asertiva con nadie. En terapia he averiguado que soy pasiva y que no me hago valer. Esta pasividad me ha costado empleos, relaciones, incluso un bebé que di en adopción, aunque no quería. Todo esto me hace llorar.»

- Candy ha estado esforzándose muchísimo en terapia para liberarse del legado de su madre. «La ironía es que no siento que pueda empezar a vivir hasta que mi madre muera. Digo que es irónico porque ella me trajo a este mundo. Siento que estoy encadenada a unos grilletes. Mi lucha por la libertad y la felicidad sólo será posible cuando ella se haya ido. ¿Por qué siento que mi vida empezará cuando la suya termine?»

- Christy me dice: «Me diagnosticaron una depresión clínica hace dos años y esa realidad me hizo pedazos. He descubierto que la causa era la dinámica familiar y la conducta de mi madre. También puedo ver que mi abuela se lo transmitió a ella. Tengo dos hermanas, y las dos han tenido que hacer frente a sus problemas con el alcoholismo y el comer en exceso. También necesito ayuda para comprender quién soy y qué quiero de la vida. Tengo cuarenta y tres años y sigo tratando de averiguar qué quiero ser cuando sea mayor. En mi actual profesión me siento triste».

- Misty usa la palabra «sabotaje» con frecuencia al describir sus esfuerzos. Siente que invalida casi todo lo bueno que le llega. «Sé que es el resultado de algo en mi relación con mi madre», dice. «Desde una edad muy temprana, creé una especie de mundo de fantasía en mi mente, donde me querían y yo tenía talento porque mi madre siempre admiraba a los niños dotados. Cuando era adolescente, ponía música y cerraba los ojos y, en mi cabeza, podía ser cualquier cosa que quisiera, por lo general una gran cantante, bailarina o guitarrista. A los dieciocho años, tomé unas cuantas lecciones de guitarra, pero estaba segura de que nunca podría ser la intérprete de mis sueños, así que renuncié. También me gustaba el *line dancing** hasta que vi a la campeona del Reino Unido; entonces pensé: "¿Qué sentido tiene?" Nunca puedo

---

* Danza folclórica en la que los que bailan forman líneas y filas. *(N.de la T.)*

hacer nada por pura diversión, así que acabo saltando de una cosa a la otra, y no llego a ningún sitio. Lucho por mantenerme a flote. Puede que esté buscando un medio para impresionar a mi madre antes de que sea demasiado tarde. No estoy segura de qué busco, ni siquiera sé si conozco mi "auténtico yo"».

- En su fuero interno, Janice siempre había querido tener hijos. «Siempre he querido una familia. Me casé con alguien que tenía hijos, pero yo nunca tuve los míos propios. Me pongo muy triste cuando veo a madres con sus hijos y envidio su intimidad. Es un recordatorio de que me robaron mi propia niñez y eso nunca lo podré recuperar. Cuando era pequeña y feúcha, siempre me comparaban desfavorablemente con otras niñas. Mi madre se dedicaba a cuidar niños, y cuando yo tenía unos nueve años, cuidaba de una niña de unos tres años increíblemente bonita. Salíamos todos juntos y, ante los desconocidos, mi madre fingía que la niña era suya y que el resto de nosotros éramos niños a los que cuidaba. Siempre me recordaba que nunca llegaría a nada, porque no era "ninguna belleza". Su frase favorita era: "Cuando crezcas, espero que tengas una hija igual que tú; entonces sabrás cómo es". Tener mis propios hijos me daba demasiado miedo. ¿Y si me volvía como mi madre?»

Cuando eres adulta, *puedes* aflojar el nudo de la atroz duda de ti misma y suavizar las secuelas de la falta de amor de tu madre. De hecho, te debes solucionar a ti misma estas cuestiones. No tienes que resignarte al autosabotaje. Es del todo injusto que te pongas obstáculos o impedimentos. Vales mucho más. No te desanimes, porque la recuperación es posible.

Todas lo hacemos

No te sientas sola si este capítulo ha puesto el dedo en la llaga. Todas las hijas de madres narcisistas tienen alguna actitud que las sabotea. Aunque las que alcanzan grandes éxitos y las que se sabotean a sí mismas tienen modos de vida diferentes, ambos tipos de hija se dedican a actitudes de autosabotaje. Recuerda: los problemas íntimos de ambas hijas son los mismos; sólo se interpretan de modo diferente en el entorno exterior. Una podría vivir junto al Club de Campo y la otra gracias a la Seguridad Social, pero las dos suelen tener problemas de depresión, ansiedad, peso, adicciones, salud, estrés y de relación. Las dos han interiorizado el mensaje de que se las valora por lo que *hacen*, en lugar de por quiénes *son*, y tienen que solucionar las voces internas negativas.

Buscar cuidadoras sustitutivas

Es común encontrar a las triunfadoras viviendo en casas bonitas y desempeñando trabajos o profesiones bien pagados. Es igualmente común encontrar a las que se sabotean viviendo en el sótano de una tía, en prisión, de las prestaciones sociales o cobrando los cheques del desempleo. Cuando no se permite que los niños dependan de sus madres, al hacerse mayores buscan cuidadores sustitutivos. Tratan de conseguir que amigos, parientes, amantes, socios, incluso la sociedad cuide de ellos para poder, por fin, sentirse atendidos y seguros. Puede ser una manera de engañarse para creer que, como los *atienden*, finalmente son queridos o *importan*. Sin embargo, nunca sienten que, *de verdad*, importan.

Es fácil ver que es otro sistema para buscar validación externa, igual que las triunfadoras buscan la validación por medio de sus logros. Pero para sanar y recuperarse, tanto unas como otras deben encontrar la validación interior.

Todas las mujeres citadas a continuación son brillantes, llenas de talento y capaces, pero ninguna cree en sí misma. Todas dicen que se han rendido, que sienten que no pueden dar la talla, así que ¿para qué intentarlo? Han encontrado sistemas alternativos para que otros las cuiden de algún modo malsano.

- Peggy acaba de salir de prisión, donde estaba por posesión de drogas.
- Sammie vive a cargo de la Seguridad Social. Es una madre soltera con poco dinero y sin coche.
- Allie puede pagar el piso, pero no la comida. Recibe cupones para alimentos y, cuando tiene mucha hambre, recoge envases de kétchup en los restaurantes de comida rápida para hacerse sopa de tomate con agua.
- JoAnn, que ahora tiene cuarenta y cinco años, sigue viviendo en el sótano de sus padres y no puede creer en sí misma lo bastante como para buscar trabajo.
- Joelle bebe cada día.
- Shelly acaba de recibir el alta del hospital, después de que su pareja le rompiera el brazo.

Una conducta de autosabotaje no significa falta de talento o habilidad; es una lucha que libramos en nuestro interior. Está claro que quieres hacer algo, pero tus mensajes internos dicen que no puedes o no deberías. Por ejemplo, Joelle, mencionada arriba, sabe que necesita seguir asistiendo a las reuniones de Alcohólicos Anónimos y trabajar para no beber, pero se desalienta y bebe. Shelley sabe que tiene que dejar su mala relación, pero no quiere estar sola. JoAnn terminó la enseñanza primaria y podría encontrar trabajo, pero cree que no la aceptarán y no se toma el tiempo para rellenar las solicitudes. Allie podría conseguir un trabajo y tener suficiente comida, pero se siente demasiado incompetente para intentarlo. Peggy sabe que las drogas son malas para ella, pero ha tirado la toalla porque cree que nunca la querrán. Sammie era una estudiante de sobresalientes y se graduó con honores, pero constantemente se enreda con los hombres equivocados y no se siente lo bastante bien consigo misma para cambiar. Estas mujeres desean cambiar desesperadamente y se sienten desanimadas y atrapadas. Sus mensajes internos negativos controlan su vida y sus emociones.

Con frecuencia, la madre narcisista se horrorizará al ver la vida que lleva de adulta su hija autosaboteadora, y decidirá repudiarla. Estas hijas causan demasiada vergüenza y humillación para que la madre narcisista las pueda soportar. ¿Qué dice sobre ella la conducta de su hija? ¿Qué pensarán los vecinos? ¿Qué pensará la familia? Por supuesto, cualquier hija que esté luchando con los problemas que hemos mencionado se beneficiaría de que su madre estuviera allí emocionalmente, ayudándola, pero las madres narcisistas tienden a preocuparse sólo de cómo lo que hace su hija se refleja en ellas y, por lo general, son incapaces de ayudar.

Si te saboteas a ti misma, es importante que sepas que tú importas. Hay muchas personas que se preocupan por ti y trabajar en tu recuperación cambiará tu vida, sin ninguna duda. Tu dolor y tus esfuerzos son parte de tu viaje y has tenido que llegar a este difícil punto para poder ver que tienes lo necesario para diseñar tu propia vida y controlar tus sentimientos. No importa cómo te hirió tu madre, puedes sanar. Te acompañaré por el camino de la recuperación, paso a paso. Tu tarea es no dejarlo y tomarte en serio.

8

Las secuelas sentimentales

TRATAR DE GANAR EN EL AMOR
LO QUE NO CONSEGUÍ CON MAMÁ

«Si alguien es capaz de amar productivamente, se ama también a
sí mismo; si sólo puede amar a otros, no puede amar en absoluto.»

Erich Fromm, *El arte de amar*[1]

Continuamos preguntándonos qué es realmente el amor. Todos
lo buscamos y lo valoramos, y cada una de nosotras tiene su pro-
pia versión de qué se siente al estar enamorada.

Es habitual que las hijas de madres narcisistas traten de llenar
su vacío y carencia emocionales con relaciones amorosas inapro-
piadas. Por desgracia, suelen buscar a la pareja adecuada que las
valide en los lugares equivocados. En este capítulo hablaré de algo
que llamo «amor distorsionado». Como hijas de madres narcisis-
tas, muchas aprendemos que el amor significa *lo que alguien pue-
de hacer por ti o que tú puedes hacer por ellos.* Muchas mujeres eli-
gen, sin darse cuenta, a sus parejas sentimentales basándose en
esta distorsión, que las prepara para unas relaciones dependientes
o codependientes, o para no tener ninguna relación. Al depen-

diente le interesa lo que él puede hacer por ti y al codependiente lo que tú puedes hacer por él. No tener ninguna relación es como renunciar o decidir no entrar en el baile en absoluto.

- Alexis, de veinticinco años, no está segura de saber qué buscar cuando se enfrenta al reto de tratar de encontrar una pareja sentimental. Me dice: «Mi madre ni siquiera usa la palabra "amor" a menos que se refiera a un par de zapatos. Bueno, supongo que sí que dice que ama a su gato. ¿Cómo se supone que yo puedo saber qué significa realmente el amor?»

Las relaciones dependientes y codependientes no son sanas ni satisfactorias y, muchas veces, acaban como enredos fracasados o lamentables. Si la relación termina, la hija corre el riesgo de repetir el modelo, a menos que acuda a recuperación y aprenda a comprender que su «selector de relaciones» está dañado. Con frecuencia, vuelve a escenificar la relación con su madre una y otra vez en lo que en psicoterapia se llama «compulsión repetitiva», un ciclo de relaciones que acaba constantemente en la decepción. Después de ver sus expectativas y esperanzas hechas añicos, muchas mujeres eligen el aislamiento o no tener ninguna relación.

Cuando la relación se acaba

Tanto si la hija de una madre narcisista es abandonada por su pareja como si es ella quien lo abandona, siente una gran vergüenza por el fracaso de la relación. No importa si es el primero o uno más de una serie de fracasos, su sentimiento de no ser lo bastante buena se ahonda. Su autoestima se ve muy afectada por estos fallos en sus relaciones. En nuestra sociedad, una mujer puede fracasar en los negocios o en las finanzas, pero que fracase en sus relaciones es menos aceptable. Tener más de un divorcio o relación amorosa fracasada parece una maldición o una desgracia grave. Una mujer sentirá culpa y vergüenza, pero será la vergüenza la emoción que le resultará más difícil. La culpa suele ir asociada a un hecho que se puede perdonar, pero la vergüenza abarca todo su ser, adoptando una característica de «todo o nada», que tiene unas consecuencias devastadoras para la salud mental. Con frecuencia, las hijas adultas de madres narcisistas se refieren a sí mismas como «dañadas» o «mercancía dañada», en particular después de una serie de relaciones amorosas fracasadas. Por debajo de esta vergüenza está el sentimiento de que no son merecedoras de amor.

- Tyra, una clienta muy guapa, vino a verme después de su segundo divorcio. Es el epítome de la belleza, la inteligencia y el encanto; me recuerda a una muñequita de porcelana. Pero debajo de su encantadora dulzura hay una profunda tristeza y falta de valía. Ha reconocido su pasado con una madre narcisista, pero ahora que su segundo marido la ha dejado por otra mujer, acude a terapia con esta petición: «¡Haz que sea lo bastante buena!»

- Margo, de cincuenta y cinco años, me dice: «Apenas puedo hablar de este sentimiento de fracaso. Me siento muy dañada. ¿Quién querría salir conmigo? ¿Cómo le dices a alguien que has tenido más de dos matrimonios? ¿No pensarán automáticamente que eres algo enfermiza o rara de alguna manera? Es un desastre y no parece que vaya a mejorar nunca».

- Summer dice: «Si quiero sentir una pena y una vergüenza inmensas, pienso en la historia de mis relaciones. Esto me deja por los suelos. Por lo general, trato de no pensar siquiera en ello ni dejar que llegue a mi ser consciente, ¡Y me hablas de sentirme indigna de cariño!»

- «No es broma. Escucha esto —dice Karla cuando expresa su dolor respecto a sus relaciones—. Cuando le presenté mi prometido a mi madre, le estrechó la mano y luego dijo: "Buena suerte. Espero que te vaya mejor que al último". ¿Cómo se supera esta vergüenza de los anteriores fracasos en tus relaciones?»

¿Por qué elegimos a quien elegimos?

Por lo general, la hija de una madre narcisista elige a un cónyuge que no puede satisfacer sus necesidades emocionales. Aunque nuestra intuición nos avisará, de alguna manera, de que algo no nos conviene, tendemos a bloquearla si no nos dice lo que queremos oír. Cuando florece la esperanza del amor, hacemos caso omiso de nuestra intuitiva voz interior o de nuestro instinto. Años de tratar y entrevistar a hijas con carencias maternas me han mostrado que tenemos una profunda intuición inteligente, pero parece que va acompañada de una clase especial de «sordera». En la búsqueda desesperada del amor que no existió en su infancia, la hija decide no prestar atención a las banderas rojas que quizá se agiten. Sí que sabemos. Es sólo que no escuchamos. Durante la recuperación, aprenderás cómo sintonizar con tu dirección y guía intuitivas e innatas.

En realidad, «elegimos» pareja a un nivel, en gran medida, inconsciente. Como seres humanos, nos atrae lo familiar. Si no has resuelto asuntos inacabados con tu madre, es probable que te encuentres con alguien que recrea el modelo del comportamiento madre-hija. También tendemos a escoger una pareja que esté en el mismo nivel emocional que nosotras.

Si eres dependiente, así es como te sientes con tu pareja: «Voy a apoyarme en ti y depender de ti. Te veo como una persona que puede hacer mucho por mí. Puedes cuidarme. Tienes dinero, prestigio, una buena familia y un buen trabajo, eres guapísimo, en teoría pareces estupendo; encajas en mi lista de condiciones».

Si eres codependiente, así es como te sientes con tu pareja: «Voy a cuidar de ti, excluyendo el cuidado de mí misma. Te veo como alguien que puedo sentir que me necesita. Me necesitas para que te nutra, te cuide y sea una madre para ti. Necesitas mi amor, porque no recibiste amor de niño, necesitas que te oriente; me necesitas y eso me hace sentir bien».

Las relaciones sanas se basan en la interdependencia; ambos miembros de la pareja se turnan en dar y recibir cuidados, pero sobre todo actúan como adultos independientes. Esto significa que ninguno de los dos es dependiente ni codependiente. En la relación dependiente-codependiente, ninguno de los dos ama al otro por quien es como persona; representan papeles y una definición distorsionada del amor. Con frecuencia, la hija adulta de una madre narcisista se equivoca en sus elecciones debido a su necesidad no resuelta. Las relaciones basadas en la necesidad suelen ser frustrantes porque nadie puede satisfacer todas las necesidades que un adulto no vio satisfechas en su infancia. Pero hasta que la hija haga frente a este vacío por sí misma, dará por sentado que alguien podrá llenarla con esos sentimientos de valía, competencia y amor de los que carece.

Muchas veces, la hija adulta elegirá una pareja que no puede satisfacer ni siquiera unas necesidades emocionales razonables porque ella quiere, inconscientemente, alguien que no pueda ser vulnerable ni en el plano íntimo ni en el emocional. Esto es lo que a ella le resulta conocido y lo que siente que es seguro y previsible.

Hasta que entre en la recuperación, no estará en contacto, sobre todo, con sus propios sentimientos y, por lo tanto, necesitará emparejarse con alguien a quien tampoco «le va mucho» eso de los sentimientos.

Cuando las necesidades íntimas y emocionales de una hija no están satisfechas, es fácil que caiga en el juego de culpar a otros, en lugar de reconocer que ha elegido a la persona equivocada. Si esto te suena familiar, ten cuidado: no te conviene caer en la trampa narcisista de ver a tu pareja como buena o como mala. Si conviertes a tu idealizada pareja en un villano, quizá te sientas obligada a abandonarlo antes de que él te abandone. El abandono te da mucho miedo porque tú te has sentido abandonada. Puede que tus padres estuvieran allí físicamente, pero tú te sentías emocionalmente abandonada. Si eres dependiente, te será más difícil dejar la relación. Podrías seguir con una relación de pareja abusiva o enfermiza, porque sientes que no mereces nada mejor. Si tu pareja te abandona, quizá te cueste muchísimo más de lo habitual recuperarte de la pérdida y el rechazo porque la ruptura reavivará tu pasada experiencia con tu madre.

La relación de codependencia

Con frecuencia, las mujeres con unos logros extraordinarios buscan, inconscientemente, hombres que necesiten que los cuiden. Las atrae la dinámica del «qué puedo hacer por ti». La hija deja que sus bien aprendidas habilidades en el cuidado de su madre y de todas sus necesidades la conviertan en cuidadora de por vida. Cuando se empareja con un hombre al que puede cuidar de alguna manera, siente que está en una situación conocida, emocionalmente segura. Un hombre que dependa de ella, no la abandonará. A cambio de cuidarlo, espera que él, a su vez, llene su vacío y su desolación. Por supuesto, esto nunca da resultado. En cambio, lo que sucede es que cuanto más exigente, dependiente o inmaduro sea el hombre, más le recordará a su madre, que estaba necesitada en extremo y que «estaba en su derecho» de exigir. Al final, sentirá resentimiento y rabia y acabará sintiéndose agobiada. Correrá de un lado para otro, esforzándose al máximo para satisfacer las necesidades de su pareja con la esperanza de que él la corresponda en la misma medida, pero nunca sucede del todo así. Al final, ella se cansará.

La hija adulta no confía realmente en su pareja dependiente ni en su capacidad para la intimidad, porque sabe, en cierto modo, que lo eligió *porque* no es capaz de ser vulnerable ni de tener intimidad emocional. Ha desbaratado su necesidad de validación y sus esperanzas de tener una conexión afectuosa auténtica. Él no puede amarla por ser quien es, así que ella se siente constantemente frustrada y triste. Busca amor, pero no podrá encontrarlo hasta que complete su recuperación.

En terapia, yo uso una analogía con el baloncesto para dar una imagen visual de esta pareja. Imagina una pista de baloncesto con una cesta a cada extremo y espectadores al lado de la cancha. La mujer codependiente, por lo general una triunfadora, corre arriba y abajo encestando para ambos equipos, mientras su pareja permanece sentada en las gradas mirando y esperando que gane el partido para los dos. Al cabo de un rato, la mujer está agotada, se siente frustrada y resentida y quiere parar. Su pareja quizás esté contento por el hecho de que alguien haga todo el trabajo por él, pero su autoestima no consigue ninguna validación ni elevación, ya que no está haciendo su parte para él mismo ni para su pareja.

- Betsy sacaba el mejor partido posible de sus canastas de tres puntos en su matrimonio. «Tengo una tolerancia alta para las conductas desviadas. ¡Codependencia a montones! Ahora lo reconozco. Recuerdo a mi segundo marido; era pasivo y agradable, y yo estaba dispuesta a soportarlo todo porque era bueno conmigo. Yo era más carismática y más social, era quien ganaba el pan. Él me utilizaba. Era narcisista y además tenía una herida narcisista. Yo era muy activa y me ocupaba de todo. A él lo despedían con mucha frecuencia debido a disputas con otros. Siempre era yo quien le escribía el currículum y le conseguía empleos. Pensándolo ahora, veo que él no reconocía lo que yo hacía por él. No hacía ningún esfuerzo en nada. Nunca dijo "Lo siento". Yo tenía una tolerancia alta ante esto; me lo sacaba de encima y seguía adelante. Parece que espero poco de los demás. En las relaciones, me conformo con un ochenta veinte, en lugar de cincuenta cincuenta. Siempre doy más de lo que recibo.»

- Daria dice: «El modelo que veo para mí en las relaciones amorosas es que la relación física es la más importante. Si no estoy presente del modo más sexual, siento que no recibiré amor de mi pareja. Me valora por lo que hago por él sexualmente. Esto lo he sacado de mi madre. Siempre estaba guapísima. Se vestía para mi padre. Olía bien, se ponía lencería sexy, tenía juguetes sexuales, trataba de estar perfecta para él. Él tenía revistas *Playboy* y ella las miraba con nosotros. El sexo era muy importante en su relación. Ella me enseñó que un hombre me valoraría por lo que puedo hacer por él».

- En todas sus relaciones, Carol se ha esforzado más que el hombre. «Yo hago que todo siga funcionando cuando hay problemas. Me siento responsable por todo. No lo hago responsable a él en la misma medida.»

- «Mi sistema es elegir a hombres a los que puedo controlar por completo —dice Charlene—. Así no me pueden hacer daño. Escojo a los que están por debajo de mí o que no están tan preparados como yo. Cuando me casé, dentro de mi cabeza chillaba, no, no, no. Ya lo sabía, pero seguí adelante.»

- Marlene dice: «Siempre me metía en relaciones con personas que estaban hechas un lío y me necesitaban. Mi último novio intentó suicidarse cuando yo lo dejé y tuvieron que hospitalizarlo. Siempre elegía a los chicos que pasaban una mala racha. Hago lo mismo con mis amigas. Soy la consejera de todos».

- Kate, de sesenta y cuatro años, cuenta lo siguiente: «Mis patrones de relación no son buenos. Por lo general, elegía al hombre equivocado. Mi primer marido abusaba de mí, física y emocionalmente; el segundo era alcohólico y adicto a las drogas; y el tercero es adicto y un delincuente. Yo los mimo, cuido de ellos y trato de solucionarlo todo. Tiendo a impresionar y querer en exceso a alguien para hacer que él me quiera».

- Margie es una mujer profesional soltera. «Mis relaciones son siempre como vacías de emociones. Como un negocio, más que una conexión emocional. No me siento realizada. Pienso que hay algo que falta en esa persona y que yo podría encontrar en otro sitio. A veces, tengo la sensación de estar atrapada. Soy la codependiente, la cuidadora, siempre he querido ser la dependiente.»

- Dee Dee, de setenta y dos años, recuerda su matrimonio y a sus hijos. «Aprendí la codependencia. Lo veo con mi marido y también con mis hijos. Si hago esto o aquello, tú me querrás más. Siento que había perdido mucha de mi identidad y ahora me estoy encontrando de nuevo. Mi marido no me valora por quien soy, sólo por lo que hago para él. Siempre he sido la que complace, la conciliadora, la que se asegura de que todo esté bien y nadie se disguste.»

Hasta que una mujer descubra y reclame su propio yo, le dará miedo un hombre competente que *pueda* realmente satisfacer sus necesidades y ella, a su vez, pueda satisfacer las de él. Un hombre sano no quiere que lo controlen ni le hagan de madre; además, quiere dar algo a cambio. Comprende cómo ser interdependiente. La mujer codependiente necesita comprender y darse cuenta de que su actitud codependiente es, en verdad, un mecanismo de defensa contra su propia dependencia. Es su manera de clamar contra estas necesidades de dependencia y tratar de mostrar que es fuerte, que tiene el control y que no necesita a nadie, cuando en realidad sí que lo necesita, como nos sucede a todos.

A la codependiente le resulta mucho más fácil que a la dependiente aceptar sus problemas y enfrentarse a ellos, porque parece más fuerte y más competente por fuera mientras cruza aquella cancha de baloncesto para encestar victoriosa. ¿Quién quiere reconocer que es un espíritu dependiente? ¿No suena mejor decir: «Soy una cuidadora» que «Quiero que alguien cuide de mí»? Las mujeres dependientes no admiten abiertamente esta tendencia y, por ello, les cuesta más contactar con esta parte del legado narcisista. No obstante, para la mayoría de codependientes es una revelación cuando comprenden que su conducta es un disfraz para ocultar necesidades insatisfechas más profundas. De alguna manera, tienen que verse como más poderosas de lo que son para así anular el dolor. Sin embargo, en la recuperación, las codependientes reconocen sus problemas de dependencia.

La relación de dependencia

En una relación, la hija dependiente busca también una pareja que llene el vacío emocional y la desolación que ha dejado una madre narcisista. Su pareja se convierte en el sustituto de su madre, y representa la parte de *lo que tú puedes hacer por mí* en la relación.

Las relaciones pasan por etapas. La primera se puede caracterizar por sentimientos de una fascinación surrealista, de estar en «el séptimo cielo». Yo lo llamo «un mundo de ensueño», donde la hija dependiente está en la gloria. Ha encontrado a alguien que la cuide y le dé todo lo que no recibió en la infancia; es un sueño hecho realidad. Al principio, parece perfecto, porque cualquier conflicto se deja de lado y el control lo tiene su pareja. ¿Qué podría ser mejor? Ella no recibió el amor que necesitaba de niña, y ahora el Señor Perfecto va a hacer realidad todos sus sueños.

No obstante, al final el Señor Perfecto se convierte en el Señor Equivocado. Sin darse cuenta, la hija dependiente ha elegido para cuidarla a un hombre que muy probablemente se convertirá en codependiente. Ella acabará asfixiándolo con sus abrumadoras exigencias, celos e inseguridades. Querrá que esté con ella en todo momento y esperará que satisfaga todas sus necesidades, en particular sus necesidades emocionales. Cuando no pueda hacerlo, se pondrá furiosa, igual que hacía su madre, lo cual confundirá y frustrará a su pareja. Esta mujer también acabará sufriendo mucho al volver a representar su relación con su narcisista madre en una inversión de papeles. Sentirá la misma decepción y vacío que sentía de niña, y culpará a su cónyuge por no ser lo bastante bueno para ella. Su idea de que está en su derecho se pondrá en marcha, y se parecerá a su madre cuando recrimina: «Si me quieres, harás estas cosas por mí; me lo merezco y lo doy por supuesto (tengo derecho)».

- Lise recuerda que en su juventud no se implicaba y tenía muchas parejas. «Nunca dejaba que nadie se acercara demasiado. Cuando me casé, a los treinta y un años, todo giraba en torno a lo que él podía hacer por mí. Cuando no pudo hacer algo por mí, me marché. Tenía que ser a mi manera o nada».

- Sarah Jo, de cuarenta y cuatro años, cuenta: «Mi desolación aparece en mis relaciones. Mi sentimiento de vacío parece desaparecer cuando alguien se enamora de mí y me siento como en una luna de miel; luego, cuando eso no está ahí, me siento vacía. Tiene un elemento somático; físicamente siento un peso en el pecho. No es cardiaco, me lo he hecho mirar. Físicamente, siento que tengo como un agujero».

- Dawn, de treinta años, dice: «Elijo a hombres que no me pueden amar; el tipo inasequible emocionalmente. Mi madre hacía lo mismo. Yo lo hago a mayor escala, en cuanto a cantidad, y mi abuela hacía lo mismo. Luego tengo que esforzarme mucho para no estar demasiado necesitada cuando mi dependencia ataca».

Aunque hemos visto diferentes modelos de la hija adulta dependiente y codependiente, es importante comprender que se puede pasar de la dinámica de una de estas relaciones a la otra, dependiendo de tu estado emocional de cada momento. Puedes hacerlo dentro de una única relación; también puedes ser una o la otra con hombres diferentes. Aunque parece confuso, se comprende mejor de la siguiente manera: la hija de una madre narcisista tiene necesidades no satisfechas y, por lo tanto, exhibe un cierto estado de necesidad. La conducta codependiente es un disfraz para ocultar esa necesidad y exhibir fuerza y competencia. Cuando esté bajo estrés, la necesidad aparecerá de nuevo y ella tendrá el mismo aspecto que una mujer dependiente.

La solitaria

La mujer solitaria muestra aspectos diferentes, algunos sanos y otros no. Como parte de la recuperación, con frecuencia se aconseja que la hija de una madre narcisista pase algún tiempo sola para centrarse en sí misma y aprender a satisfacer sus necesidades por sí misma. Puede ser necesario que vaya más lenta durante un tiempo para lograr este saludable «tiempo de soledad». Incluso si está casada o tiene una relación, puede pasar algún tiempo sola para trabajar en su auténtico yo.

No obstante, la solitaria enfermiza es la que ha decidido que está tan dañada y es tan poco digna de cariño que nunca podrá tener una relación. Por lo general, como ha tenido una serie de malas relaciones, ha dejado de intentarlo. Quiere tener amor en su vida, pero cree que nada puede cambiar y decide seguir sola de ahora en adelante. Le asusta mucho conectar de nuevo, porque es consciente de que su «selector de relaciones» ha quedado dañado por los mensajes de su narcisista madre, y este temor le impide buscar lo que quiere en una relación amorosa. Evita las citas, se siente sola, pero sigue sola de todos modos, y su idea de «No soy lo bastante buena» se convierte en un mantra en su vida.

- Marcia, de cincuenta y nueve años, sólo confía en su perro. «Estoy furiosa por haber pasado los mejores años de mi vida adulta en relaciones enfermizas, tratando de conquistar el amor y la aprobación que mi madre me negó. Sólo porque mi vida estalló en todos los frentes, pude ver que había estado ciega a la recurrencia de una dinámica infantil enfermiza. Tengo ya casi sesenta años, ya ha pasado una gran parte de mi vida y, básicamente, hoy estoy sola. ¿Sabes qué? ¡Voy a seguir así! Hacer otra cosa es demasiado arriesgado.»

Como yo también viví esta situación durante un tiempo, sé que esta mujer necesita completar su propia recuperación. Cuando lo haga, el mundo tendrá mejor aspecto. Les digo a mis clientas que no podremos confiar en los hombres si no confiamos en nosotras mismas y en nuestro «selector de relaciones». No se puede tener la palabra CON_IANZA sin la letra F. Aguantar y reanimarse es la respuesta para esta clase de solitaria. Te mostraré algunos medios para restaurar tu fe en tu propia intuición.

Hay otro tipo de solitaria que ha tomado la decisión consciente, después de la recuperación, de pasar la vida sin una relación amorosa. Verdaderamente, no hay ningún miedo que bloquee su camino a una relación, y su decisión es una decisión sana. No conozco a muchas mujeres que hagan esto, pero las que conozco viven en un estado de realización personal; han tomado una buena decisión para ellas mismas. ¿Quién puede discutírselo? Aunque la mayoría no elijan este camino, puede ser un lugar saludable donde estar.

Estrés postamoroso

«Ella no sabía amarme y yo no sé amarte a ti.»

Sidda Walker,
en *Divine Secrets of the Ya-Ya Sisterhood*[2]

- Savanna, de treinta y ocho años, cuenta: «Cuando conocí a mi marido, no me abría a él emocionalmente. Tardé años en sentir por él el amor que siento ahora. No lo amaba entonces del modo en que ahora puedo amarlo. Ni a mis hijos. Tardé años en aprender. Solía sentir amor por mi gato, pero no por las personas. Todos mis sentimientos estaban anestesiados, incluso los buenos».

En resumen, las hijas de madres narcisistas se enfrentan a una serie de dificultades importantes en sus relaciones amorosas, entre ellas la vergüenza y el sentimiento de no ser lo bastante buenas. Con frecuencia, los fracasos en sus relaciones son la principal razón de que acudan a terapia; no comprenden por qué siguen cometiendo los mismos errores y temen que nunca podrán rectificar su «estupidez» al elegir a los hombres equivocados. Quizá sepas lo doloroso que esto puede ser por ti misma, tu hermana o tus amigas. Muchas de mis clientas están en un estado de desesperanza y depresión cuando empiezan la terapia, pero siempre me alegra decirles que hay buenas noticias y esperanza. Cuando una hija de madre narcisista decida invertir en ella misma, enfrentarse a las heridas de la infancia y de su historia y completar el proceso de recuperación (que veremos en la tercera parte), las cosas empiezan a cambiar. Aprender a detener la compulsión a repetir, a separarte de tu madre, a construir la conciencia de tu propio yo y a liberarte de los dañinos mensajes interiorizados es el inicio de un viaje optimista y saludable totalmente nuevo. Kimberly, una de mis clientas, lo expresa así:

- «He superado un abuso narcisista profundamente arraigado desde mi infancia, así que ahora tengo una vida más feliz conmigo misma, con mi hijo, mi esposo y mi familia. He renunciado a la vieja esperanza de conseguir el amor de mi madre. En cambio, el amor que hay en mi corazón es desbordante y más poderoso de lo que nunca imaginé que fuera posible.»

Estamos casi listas para la sección de recuperación donde veremos cómo Kimberly y otras han conseguido lo anterior. Pero antes de hacerlo, hay un campo más que hemos de ver: qué pasa cuando nosotras mismas somos madres.

9

¡Socorro!
Me estoy convirtiendo en mi madre

LAS HIJAS COMO MADRES

«Rezo sin cesar para que lo que estoy ahorrando sirva para pagar la universidad de mis hijos y no su terapia.»

Bonnie, treinta y ocho años

Tener un hijo es una experiencia que te cambia la vida. Cuando tu primer hijo llega al mundo, entras en un nuevo estado de «maternidad permanente» y sigues allí para siempre. Para la mayoría de mujeres, la experiencia de tener un hijo está bendecida por una alegría embriagadora y visiones que anticipan el futuro. Sin embargo, para las hijas de madres narcisistas, esa experiencia también puede estar arruinada por un miedo y una ansiedad constantes.

El miedo es el de ser como sus madres, dejar a sus hijos huérfanos emocionalmente o hacerles daño de alguna otra manera. Se preocupan de no ser lo bastante buenas para la tarea, sea porque cargan con esa persistente convicción en todo momento, sea porque saben que carecen de algunas habilidades necesarias como madre. Es posible que todavía no hayan alcanzado plenamente su propia identidad. Sea cual sea su origen, su miedo es muy real.

- Los temores de Mattie respecto a ser madre fue lo que la trajo a terapia. «Quedar embarazada es lo más aterrador que nunca me ha sucedido. No sentía la necesidad de estar embarazada y tener hijos. Ni siquiera estaba segura de que quisiera tener hijos. Me preocupaba ser una madre horrible, como lo fue la mía, una maltratadora física y emocional. ¿Sería así? ¿Qué pasaría si resultaba estar tan demente como ella?»

- Para Kylie, tener un hijo le hizo recuperar muchos recuerdos de su infancia. «Mi madre no conectaba conmigo. Sentía que nunca me veía.» Kylie pensaba que tenía que darle a su hija lo que ella no había recibido. Me dijo: «Siempre que mi hija hacía un ruido, yo le decía: "Te veo, Lacy. Te veo"».

- Lavonda dice: «Estaba muy entusiasmada cuando quedé embarazada por primera vez, pero también muy preocupada porque creía que la iba a fastidiar con mis hijos. Hice mucha terapia durante el embarazo y quería hablar con mi madre entonces, pero mi terapeuta me aconsejó que no lo hiciera. Deseaba tanto que mi madre me oyera, pero mi terapeuta me hizo comprender que era improbable que esto sucediera. Lo que más me preocupaba era ser narcisista yo también. No quiero asfixiar a mi bebé, igual que mi madre me ahogó a mí».

- Cuando era joven, Mia se sentía muy sola. «Estaba sola, triste, vacía y era drogadicta y alcohólica. Imaginaba tener una familia y me ponía a llorar. Desde que tengo mi propia familia, no me siento tan vacía, pero sé que lleno ese vacío siendo la madre que yo *quería*, en lugar de la madre que *tuve*.»

• Sidney cuenta esta historia: «Sigo sintiendo miedo de que seré como ella. Mi ex marido dice que tengo rasgos de mi madre. Una vez dijo que me parecía a ella porque estaba fumando un purito, y afirmó: "Eres igual de pretenciosa que tu madre". Nunca he vuelto a tocarlos. Me puse pálida y lo apagué. Sólo espero no ser como mi madre en mi modo de cuidar de mis hijos».

Tener preocupaciones y temores respecto a tu maternidad es normal, pero las mujeres anteriores se preocupan de un modo que va más allá del de la mayoría de futuras madres. Por supuesto, nos esforzamos por hacer lo que es bueno para nuestros hijos, y ninguna de nosotras quiere transmitirles nuestro propio e indeseable legado. Romper el ciclo es un reto cuando no tienes un modelo positivo como madre. Con frecuencia, las hijas de madres narcisistas sentimos que trazamos nuestro propio camino de amor al criar a *nuestros* hijos.

Si ves que cometes errores en tu manera de educar a tus hijos, no te dejes dominar por el pánico. No tienes que tener miedo aunque hayas aprendido o heredado algunos rasgos maternos narcisistas. Esto no significa que tú seas narcisista. *Puedes* cambiar. Lo mejor que puedes hacer por ti y por tu familia es permitirte ser consciente de posibles errores que podrías cometer o que has cometido, y trabajar para corregirlos. Este capítulo está diseñado específicamente para ver las trampas a las que muchas nos enfrentamos.

Advertencia: el riesgo de hacer lo contrario

Si una hija se va al extremo opuesto y hace todo lo contrario que su madre, tiene muchas posibilidades de crear la misma dinámica que tanto se esfuerza por evitar. La clave reside en encontrar un término medio en el que puedas permanecer como madre amorosa con tus propios valores.

Es típico que, cuando queremos cambiar algo, pensemos en términos de blanco y negro. Digamos que quieres trabajar sobre una rabia explosiva y una conducta agresiva. Te irás al otro extremo del espectro emocional y empezarás a actuar de una manera pasiva, mansa, tranquila y no asertiva. Ser explosivamente furiosa significa que te estás tragando unos sentimientos hasta que explotan, y ser pasiva y no asertiva probablemente significa que tampoco expresas tus emociones. Tu objetivo es situarte en el medio y mostrarte firme y segura, pero se requiere un cierto tiempo para llegar a eso.

Si quieres educar a tus hijos de una manera diferente a la de tu madre, recuerda que el término medio que acabes encontrando tiene que basarse en *tus* opiniones y sistema de valores, pero puede incluir, desde luego, algunas de las opiniones de tu madre. Por ejemplo: puede que a ti te guste tener la casa limpia, como le gustaba a tu madre o pienses seguir siendo del mismo credo religioso o tengas unas convicciones firmes sobre la importancia de la educación, pero al mismo tiempo quieras prestar una atención especial a las necesidades emocionales de tu hijo, lo cual es probablemente muy diferente de lo que hacía tu madre. No tiramos todo el grano junto con la paja y nos vamos al extremo contrario en todo. Si hacemos esto, empezamos a cometer errores.

Si tuviste una madre absorbente, por ejemplo, puedes decidir que no serás, de ninguna manera, una madre asfixiante, pero acabas haciendo lo contrario, de forma que el niño se siente descuidado en algún aspecto. Jaimie se esforzó demasiado por no asfixiar a su hija, Chelsea, y el primer día del jardín de infancia encontraron a la pequeña, que acababa de cumplir cinco años, llorando en la clase. Quería que su madre se quedara con ella durante un rato, como hacían algunos otros padres. Jaimie empeñada y decidida a no ser una madre excesivamente protectora como lo había sido la suya, se había pasado de la raya en sentido contrario.

Si tuviste una madre negligente, quizá decidas prestarle tanta atención a tu hija que acabes engulléndola. Rosaline descubrió que no podía dejar en paz a su hija. «Tenía que participar en todo lo que ella hacía e ir a todos los lugares donde iba porque me daba mucho miedo que pensara que no me importaba, tal como yo lo pensaba de mi madre. Cuando tenía doce años, me dejó las cosas claras, diciéndome que me buscara la vida y que estaba harta de mí.»

Otro ejemplo podría ser el modo en que alabas a tu hija. A ti nunca te elogiaron ni alentaron, así que tú exageras con tus hijos. Terra creó una situación en la que su hija no sólo sentía que tenía derecho, sino que también creía que nunca daría la talla. «Mi hija de dieciséis años rompió a llorar el otro día. Enseguida acudí a su lado y empecé a decirle todas las cosas maravillosas que se me ocurrían y lo impresionante que era. Me di cuenta de que me estaba pasando en los elogios, que ella se sentía como una impostora al tratar de complacerme y pensaba que nunca estaría a la altura de todo lo que yo creía de ella. Maldición. Supongo que exageré. Intentaba ser muy diferente de mi madre.»

- La madre de Marlene era muy estricta y nunca permitió que sus hijos tuvieran libertad de expresión, de espacio y para tomar las decisiones necesarias. Decidió ser muy indulgente con ellos, y resultaron ser niños sin límites, incapaces de controlar su propia conducta. «Estaba empeñada y decidida a dejar a mis hijos a su aire. Quería que sintieran una libertad total y que no se sintieran enjaulados y asfixiados como yo cuando era niña. Pero no tardé en descubrir que toda esa libertad condujo a que dos de mis hijas se metieran en problemas con la ley y les pusieran tantas multas por exceso de velocidad y tuvieran tantos accidentes que la cartera se me quedara vacía pagando las facturas del seguro y de las reparaciones del coche. Creo que no tendría que haber ido tan lejos.»

Es un asunto peliagudo. Educar a los hijos es difícil y, sin duda, ninguna de nosotras lo hace a la perfección, pero estas historias muestran lo fácil que es transmitir una disfunción cuando creemos que estamos haciendo exactamente lo contrario de cómo nos criaron a nosotras.

Actuar como modelo del mensaje
«No soy lo bastante buena»

A veces, conseguimos encontrar ese término medio y lo que hacemos con nuestras hijas lo refleja. Si lo logras, reconócete el mérito; te lo mereces y mucho. No obstante, un obstáculo para encontrar el término medio es la convicción interna de que nosotras «No somos lo bastante buenas». Si llevas este enfermizo mensaje dentro de ti, lo más probable es que actúes como modelo de esa actitud. Sin darte cuenta, les mostrarás, a través de tu conducta, que te sientes indigna, y ellos acabaran sintiéndose igual. Esto puede suceder incluso si tú no lo crees realmente ni se lo dices nunca a ellos. Recuerda, los niños aprenden más de lo que ven en nosotros que de lo que les decimos. Si te conviertes en un modelo de mujer que no se cuida o que mantiene relaciones enfermizas, que siente que no se merece nada mejor y que no busca hacer realidad lo que la apasiona, no te sorprendas si ves lo mismo en tus hijos. De forma parecida, si fijas unos límites y te defiendes sola, lo más probable es que tus hijos también lo hagan. Ésta es la mejor razón para aprovechar la recuperación.

¿Cómo se deletrea «empatía»?

Muchas hijas que no recibieron empatía de sus madres no saben cómo dársela a sus hijos. La capacidad de empatizar es la cualidad más importante que existe para la crianza de los hijos. Nada nos hace sentir más reales, escuchados y comprendidos que alguien que se identifique con nosotros cuando lo necesitamos.

Si en tu familia de origen esta cualidad no se mostró ni enseñó bien, tendrás que trabajar para cultivarla. Shay, una mujer reflexiva, perceptiva y con un alto nivel de educación, que fue educada por una madre narcisista, que la ignoraba, tiene cuatro hijos y un esposo amante. Todos vinieron a mi consulta para hacer terapia familiar y aprender sobre una comunicación sana, después del suicidio de un pariente que los había angustiado a todos. Cada miembro presente de la familia estaba afectado, pero Shay estaba especialmente preocupada. Consciente de que su madre no había satisfecho sus necesidades infantiles, no tenía ni idea de cómo empatizar con sus propios hijos, que le dijeron en una sesión que en esto era «una mierda». Shay pasó muchos meses trabajando para desarrollar la cualidad de expresar empatía.

Kami, de cuarenta y cinco años, acudió a terapia para aumentar su empatía con su hija de diecisiete años, que estaba embarazada. Comprendía que tenía problemas para estar ahí siempre que su hija la necesitaba. Mujer inteligente y perspicaz, criada por una madre narcisista interesada por la imagen, Kami pensaba que le preocupaba demasiado lo que sus amigos y su familia pensaran. No era narcisista y era consciente de los problemas de su infancia, pero seguía sin poder librarse de algunos de los mensajes que tenía arraigados. Parecía hablar conmigo desde los dos lados de su ser. Un lado estaba furioso, humillado y avergonzado por los actos de su hija, y el otro era humano y afectuoso y quería hacer lo mejor por ella. Estaba claro que había hecho lo acertado al buscar ayuda para dejar descansar sus propios problemas y sintonizar con las necesidades de su hija en aquellos momentos. Hoy Kami es una abuela orgullosa, y su hija ensalza la capacidad formativa de su madre.

Mi hija, la estudiante de matrícula

¿Cuántas de estas pegatinas hemos visto en los coches? ¿Dónde están las que dicen «Mi hija tiene una gran corazón», «Mi hija es honrada», «Mi hija es buena»? Un problema importante con el que me encuentro en mi consulta es que demasiados padres son incapaces o no están dispuestos a sintonizar con quién es su hijo o hija como persona. Como hija de una madre narcisista, deberías cuidarte de caer en esta importante trampa. Los logros de tu hija no son lo que ella es.

Abbie, de cuarenta y siete años, vino a una sesión de terapia preocupada por su hijo, que era el *quarterback* del equipo de fútbol americano del instituto, primer intérprete en la banda, estudiante de matrícula y, además, muy guapo. Al final, me dijo que este chico estupendo acababa de ser arrestado y estaba en un centro de detención de menores por apuntar con un arma a otro estudiante en una fiesta junto al lago, el fin de semana. Cuando fue a visitarlo en prisión, estaba llorando y le dijo que sentía demasiada presión para triunfar en todo y que siempre parecía que tenía que ser el mejor. Quería demostrar que era sólo un tipo normal que, a veces, se metía en líos. Aunque esta clase de meterse en líos era pasarse de la raya, Abbie aprendió a ver más allá de los logros de su hijo y comprender sus ansiedades y miedos.

Dori estaba preocupada por su hija de catorce años, porque la habían pillado robando cosas en una tienda: «¿Cómo puede esta niña, que es una estrella absoluta por sus cualidades musicales, hacer algo tan estúpido como robar en una tienda? Tiene un recital el viernes. ¿Cómo ha podido?»

Es evidente que Dori debería pensar más sobre «¿Qué pasa con los sentimientos de mi hija? ¿Qué siente que se está perdiendo? ¿No se siente digna de atención? Tiene que haber una razón para que sabotee su talento y quiero averiguar cuál es». En aquellos momentos, a Dori le quedaba mucho que hacer para aprender empatía.

Esas cosas confusas que llamamos sentimientos

Es fácil comprender la necesidad de autenticidad hasta que nuestra propia hija muestra unos sentimientos auténticos y no nos gusta lo que dice o siente. Esto es especialmente difícil si expresa sentimientos negativos hacia nosotras. Hablaremos más de permitir la autenticidad en los niños en la tercera parte, pero veamos algunos ejemplos de cómo no permitir que tu hija sea auténtica te puede causar problemas como madre.

Alexis, a la que de niña habían enseñado a no enfrentarse a sus auténticos sentimientos, tiene dos hijas y ambas son drogadictas. Vino a terapia pidiendo ayuda, sin haber hablado nunca con sus hijas sobre el problema. Le pregunté si había abordado la cuestión del abuso de drogas y me dijo: «¡Oh, no!, ¿qué podría decirles? ¿Realmente quiero saberlo?»

La hija de trece años de Fiona le informó de que habían abusado de ella sexualmente. Le asustaba contárselo a su madre porque el autor era un miembro de la familia. Fiona acudió a terapia deseando no creer a su hija y esconder todo el asunto debajo de la alfombra. Trabajé con ella para que pudiera escuchar a su hija y llegar al fondo de lo que le había sucedido. La falta de autenticidad puede ser realmente peligrosa.

Mi hija, mi amiga

Quizás estés pensando: «Quiero que mi hija sea amiga mía. Ansío esa cercanía. Yo no la tuve con mi madre. Por favor, no me digas que está mal. ¿Cuál es la manera acertada?» Incluso cuando tu hija es adulta, debes seguir siendo su madre. Seguirás teniendo deberes como madre y tendrás que ofrecerle orientación, empatía y comprensión. No le incumbe a tu hija darte estas cosas a ti.

Jan, madre de tres hijas, trajo a las dos mayores a terapia porque exhibían unas señales de ira que no comprendía. Le pedí a Jan que saliera de la habitación para poder quedarme con las chicas y charlar. En cuanto dejó el despacho, las dos hicieron un gesto de mal gusto dirigido a ella. Supe entonces que nos las veíamos con una tremenda ruptura en las relaciones madre-hija. Yo pensaba que, probablemente, no recibían los móviles, coches, ropa o libertad que querían, pero el problema era otro. Las dos me dijeron que Jan esperaba que la ayudaran a superar su depresión y que eso las sacaba de quicio y hacía que se sintieran impotentes. Me dijeron que, cada día, cuando llegaban de la escuela, se sentaban con su madre y escuchaban su tristeza, su llanto y su desesperación, y que estaban hartas. Jan había crecido con una madre narcisista psicosomática, así que estaba advertida, pero caía en un patrón parecido con sus hijas al esperar que se hicieran cargo de ella emocionalmente. Por fortuna, fue fácil darle la vuelta a la situación y Jan volvió a psicoterapia. No obstante, podemos ver que, incluso con educación y consciencia, las hijas adultas de madres narcisistas pueden caer, sin darse cuenta, en el legado de una conducta narcisista.

Cuídate, pero sigue conectada con los demás

Aunque, para las hijas de madres narcisistas, es fundamental que nos atendamos como es debido para recuperarnos, ese autocuidado no significa que nos ensimismemos. Cuidarnos no significa desconectar con los sentimientos de los demás. He visto a hijas que cometen el error de malinterpretar el cuidado propio para que signifique que deberían concentrarse en sí mismas de un modo enfermizo, incluso después de ver lo perjudicial que era que su madre estuviera convencida de que «todo tenía que girar en torno a ella».

Marni tenía tres hijos en casa, pero decidió que, en lugar de darles el tiempo y la atención que necesitaban, su misión de recuperación consistía en cuidarse con ropa lujosa, viajes caprichosos y joyas caras. Cuando trajeron a sus hijos a terapia porque se portaban mal y se metían en líos, ella estaba en alguna playa, bronceándose. Los hijos de Marni estaban furiosos y también sorprendidos porque ésta no era una conducta típica. Por otro lado, Marni era sensata y había hecho parte de su trabajo de recuperación, pero no había entendido esta parte muy bien. La terapia familiar fue muy efectiva, porque en cuanto supo cómo se sentían sus hijos, se esforzó por comprender de verdad lo que tenía que hacer para ella misma y para ellos.

Un autocuidado sano significa buscar sentirse realizada para tener energía, amor y empatía hacia los demás. Encontrar el punto medio significa comprender que no es una situación de blanco o negro; ni estás llena de ti misma ni vacía de ti misma.

En la tercera parte aprenderás a hacerlo. Una vez establecida la comprensión de cómo el narcisismo materno crea ciertas dinámicas negativas en la relación madre-hija que afectan a la vida de las hijas como adultas, ahora estamos listas para iniciar el camino hacia la recuperación.

TERCERA PARTE

CÓMO ACABAR CON EL LEGADO

Pasos específicos para la recuperación de las hijas de madres narcisistas

Ahora que ya entiendes cómo la conducta de tu madre te ha afectado, puedes empezar a sanarte dando los siguientes pasos para recuperarte del dolor:

· Acepta las limitaciones de tu madre y llora el no haber tenido la madre que querías.
· Sepárate psicológicamente de tu madre, y reformula los mensajes negativos que absorbiste de ella para convertirlos en positivos.
· Desarrolla y acepta tu propia identidad, y tus propios sentimientos y deseos.
· Trata con tu madre de una manera diferente y sana.
· Trabaja para reconocer tus propios rasgos narcisistas y niégate a transmitírselos a tus hijos.

Los siguientes capítulos te guiarán para que des los pasos necesarios para recuperarte de una madre narcisista. En la primera parte, empezaste a comprender e identificar los problemas a los que un niño aprende a hacer frente cuando tiene una madre narcisista. La segunda parte te ayudó a ver cómo esos problemas te han seguido hasta la edad adulta. Ahora, en la tercera parte, verás cómo aceptar tu pasado, permitirte sentir dolor por él, reprogramar los mensajes negativos que has interiorizado, reencuadrar tus creencias y opiniones y cambiar tu vida.

10

Primeros pasos

QUÉ SIENTES, NO QUÉ ASPECTO TIENE

«Me gustaría que hubiera un diagnóstico de salud mental para el pesar consecutivo. Yo no estoy mentalmente enferma. Sólo triste y llorando la visión de la madre que tan desesperadamente quería.»

Sonny, treinta y nueve años

Mientras crecías, es probable que fueras muy buena negando, anestesiando o compensando tus propios sentimientos, en lugar de permitirte sentirlos. Probablemente, también lo haces ahora, de adulta. Tu recuperación empieza en este capítulo. En él te guiaré para que recuperes tus emociones y aumentes tu conciencia de ti misma.

Ahora que comprendes claramente la dinámica psicológica a la que estuviste sometida como hija de una madre narcisista y cómo ha afectado adversamente a tu vida, es el momento de que aceptes el pasado, abandones lo que esperabas, de forma poco realista, de tu madre y te hagas cargo de tu vida para sanarla. Ahora es el momento de hacer que tu vida sea más tranquila y cómoda.

En este capítulo, seguirás el plan de sanación que yo usé para mi propia recuperación y que continúo usando con mis pacientes. Da resultado si sigues los pasos secuencialmente. Te sentirás muchísimo mejor de lo que nunca has estado. No obstante, es importante observar que no puedes «curar» por completo las heridas de un trauma de la infancia. Trabajas en ellas, las procesas y aprendes a tratarlas de un modo diferente para sentirte mejor.

Nuestro crecimiento y desarrollo

Adultos
Ramificación
Brotación
Floración
Crecimiento
Cambio

Cicatrices de traumas

Nuestras raíces
Familia de origen y legado generacional

Yo comparo nuestra vida con un árbol. Todas tenemos, igual que un árbol, raíces (nuestra crianza); un tronco largo y robusto (nuestro desarrollo), y ramas que florecen y crecen en nuestra vida adulta. Nuestro tronco o fase de desarrollo tiene cicatrices, que no desaparecen; son parte de quienes somos. Pero la recuperación nos ayuda a tratar cualquier desgarro, llenarlo, ponerle un bálsamo y cerrarlo con cuidado, y se lleva el viejo y recurrente dolor, cambiando el trauma original, permitiendo que crezcas a su alrededor y te eleves y alejes de él. Por favor, recuérdalo, para no desanimarte y desorientarte. Realmente, es un alivio saber que no tienes que eliminar por completo esas cicatrices. Es importante reconocer lo que nos ha sucedido; es parte de quienes somos hoy. Sin embargo, no define quienes somos hoy y, al trabajar en la recuperación, nos negamos a permitir que el pasado nos diga quiénes somos. Aceptamos y encaramos el pasado como parte de nosotras, y seguimos adelante.

Creo que empezamos a sanar cuando aceptamos que nuestra madre era narcisista y que nos hizo daño. Luego lloramos por la vida y el amor que no tenemos. Te enseñaré a concederte el don de la aceptación y a usar el precioso tiempo necesario para hacer tu duelo. Sigue leyendo para saber cómo hacerlo.

Los tres pasos de la recuperación

La recuperación tiene tres pasos. El primero es comprender el problema, diagnosticarlo y conseguir la información de las circunstancias que lo definen. Esto es así para cualquier problema emocional o psicológico al que puedas enfrentarte en la vida. En esto trabaja contigo el terapeuta al principio de la relación terapéutica. Acabas de completar el paso 1; has leído sobre el problema y cómo se expresa en los síntomas y en la vida. Es la comprensión cognitiva e intelectual que necesitarás para pasar a los pasos siguientes.

En el paso 2, se procesan los sentimientos relacionados con el problema identificado. De esto trata este capítulo. Como hija de una madre narcisista tenías sentimientos que, con frecuencia, no eran validados ni reconocidos. Las primeras secciones de este libro te han ayudado a identificarlos y ahora es el momento de trabajar en ellos.

Modelo de recuperación en tres pasos

Paso 1	· *Reunir antecedentes* · *Identificar el problema* · *Diagnosticar el problema* · *Comprender el problema a un nivel cognitivo*

Paso 2	· *Procesar los sentimientos relacionados con el paso uno* · *Llorar* · *Sentir* · *Reprogramar los mensajes negativos*

Paso 3	· *Reencuadrar* · *Verlo de manera diferente* · *Tomar la decisión de cambiar* · *Cambiar*

Voy a contarte algo muy importante que he aprendido durante mis veintiocho años como terapeuta. La mayoría prefiere saltarse el paso 2, este paso. A las hijas tiende a gustarles el paso 1 y les encanta el paso 3 de la recuperación. Pero, y es muy comprensible, queremos saltarnos el paso más importante, el que representa la mayor diferencia, porque es doloroso caminar por el pantano de los traumas del pasado. Es difícil recorrer el estado de negación y permitirnos sentir el dolor. ¿Quién quiere sentir dolor, verdad?

- Lauren, de treinta y un años, me dijo durante la terapia: «¿Por qué volver a vivir todo esto que me ha puesto tan furiosa? La verdad es que me he llevado la peor parte. ¿Por qué me sucedió? Cuando te describí la madre ideal, se me encogió el corazón. Leerte mi diario me dolió mucho y me puso furiosa. ¿Por qué no recibo unas disculpas? No quiero pasar por el proceso de recuperación. ¡Sólo quiero acabar con todo esto!»

- Elyse, de cincuenta y cuatro años, afirma: «Como adulta, estoy aprendiendo a estar en contacto con mis sentimientos. Ciertamente, no lo he aprendido de mi madre. Todavía puedo verla y ver que controlaba los sentimientos. Se ponía sus gafas de sol y ponía aquella cara inexpresiva. Si yo me ponía sentimental, me decía: "¡Basta ya o te ganarás una bofetada!"»

Sin embargo, es en el segundo paso donde aprenderás a enfrentarte a eso tan difícil llamado sentimientos. No es divertido, pero vale la pena. Cuando Lauren, Elyse, otras clientas y yo permitimos este proceso de duelo, empezamos a ver que podríamos, finalmente, liberarnos.

Procesar los sentimientos es muy diferente de hablar de ellos. Procesar significa hablar sobre el trauma y, simultáneamente, sentir el dolor como en un concierto de *rock*, cacofónico y a todo volumen. Se puede decir algo en forma de relato sin sentirlo, pero eso no es procesarlo. Éste es el único modo de liberar el trauma de nuestro cuerpo. Por ejemplo, puedo hablarte de que fui al funeral de mi abuela y darte todos los detalles de su muerte, del servicio, la gente, la familia, las flores y el recorrido, etc., pero eso es *hablar* del funeral y de la muerte. Es describir lo sucedido. Si lo procesara, te contaría la misma historia, pero sintiendo la pérdida y el dolor al mismo tiempo. En este caso, muy diferente, verías mis lágrimas y sentirías mi dolor igual que yo, mientras describía la situación y cómo me afectaba. Este capítulo te ayudará, también, a participar en esta clase de dolor.

Cuando alguien se salta el paso 2 de la recuperación, el paso 3 no da resultado. Creo que ésta es la razón de que muchos programas terapéuticos no tengan éxito, porque la gente se salta la parte de en medio, la difícil. Tenemos que limpiar nuestro trauma antes de poder aprender a mirar nuestra situación de un modo diferente y sano.

El paso 3, en suma, tiene que ver con «reencuadrar», una palabra terapéutica que significa mirar el problema a través de un conjunto de lentes diferente o de un modo nuevo. Ésta es la parte divertida de la recuperación, cuando empezamos a ver las cosas de un modo diferente y nos liberamos de los síntomas y los efectos del trauma de haber tenido una madre narcisista. Tomamos nuestras propias decisiones, que son muy distintas de cuando nos sentíamos víctimas del maltrato. Empezamos a entrar en contacto con nuestros auténticos sentimientos, valores y sistema de creencias. Encontramos a nuestro auténtico yo y le permitimos que funcione a nuestra propia manera. Esto es libertad, y se la deseo a todas las lectoras que estén conmigo en este momento.

Una mirada más de cerca a la recuperación

Pasamos ahora a los detalles específicos para sanar a la niña privada de madre. Anotamos a continuación los cinco campos básicos que cubriremos en la tercera parte del libro:

1. Aceptar las limitaciones de tu madre y darte permiso para llorar por ella.
2. Separarte psicológicamente de tu madre y reencuadrar los mensajes negativos.
3. Trabajar con una auténtica conciencia de ti misma.

4. Tratar con tu madre y tu relación con ella de un modo sano.

5. Tratar tus propios rasgos narcisistas y negarte a transmitir el legado a tus propios hijos.

Empecemos con la aceptación.

Aceptar las limitaciones de tu madre

Comprender que tu propia madre quizá no sea capaz de un amor y una empatía auténticos es espantoso. Si alguna vez te has permitido pensar en esto antes, es posible que no hayas estado dispuesta a aceptarlo. Se supone que las madres son la fuente más fiable de amor, consuelo y empatía, y si tu madre no te proporcionó ninguna de estas cosas, lo más probable es que negaras lo que sentías al respecto. Las hijas suelen culparse de la incapacidad de sus madres para quererlas. Recuerda a mi clienta que dijo: «Si mi propia madre no puede amarme, ¿quién podrá?» Aceptar las limitaciones de la madre es difícil para todas las hijas.

- Martina, de veinticinco años, dice: «Mi cerebro ha renunciado a tener una relación afectuosa con mi madre. Tengo veinticinco años de pruebas, pero no han penetrado de verdad en mi *corazón*. Es algo que tiene dos caras. Cuando es amable conmigo, cuando compramos ropa para el trabajo o sillas para la casa o muestras de pintura, me adormezco y vuelvo a creerlo. Crecen mis esperanzas de que, quizás, esta vez será diferente».

- Muchas hijas no abandonan nunca la esperanza. Sandy, treinta y dos años, afirma: «Yo siempre he querido una madre normal. Que no se vistiera como una prostituta, que no coqueteara con mis novios, que hiciera unas vacaciones normales, que me quisiera a mí y a mi novio y que nos inundara de amor, que hiciera viajes con la familia; una madre que no compitiera conmigo ni se sintiera amenazada por mí y que se sintiera orgullosa de lo que yo he hecho. ¿Tengo que renunciar a todo esto?»

Antes de poder hacer el duelo, tienes que aceptar la realidad de aquello por lo que has pasado. Piénsalo de esta manera: un maestro que tratara de enseñar a leer textos universitarios a un niño de tres años podría sentir decepción, rabia, incluso vergüenza por su fracaso en lograr este objetivo, hasta que se diera cuenta, claro, de que el alumno no es capaz de realizar esa tarea. La mayoría de narcisistas carecen de la capacidad de dar un amor y una empatía auténticos y significativos, y no tienes más remedio que enfrentarte a esta realidad. Aceptar que tu propia madre tiene una capacidad limitada es el primer paso. Abandona tus expectativas de que algún día sea diferente.

La mayoría de hijas que conozco han pasado largos periodos de su vida sin comprenderlo, siempre deseando y esperando que el próximo encuentro con su madre será diferente. Esto establece no sólo unas expectativas nada realistas para la hija, sino que, además, la alienta a volver a intentarlo otra vez, para lo cual la recompensa será una tristeza, una decepción, un dolor, una rabia y una exasperación adicionales. Después de todo, estamos hablando de tu madre, la persona que ha sido el centro de tu mundo y a quien has amado y necesitado más que a nadie en el mundo. Quiero reconocer de nuevo lo difícil que es conseguir esto, pero debes hacerlo para poder avanzar en tu propia recuperación.

Recuerda también que el narcisismo es un trastorno de espectro y que tu madre puede tener diferentes grados del mismo. Es probable que las madres con menos rasgos narcisistas tengan más esperanzas de recuperación si están motivadas para hacerlo. Pero cuanto más avanzado esté su trastorno dentro del espectro, más probable es que no cambie ni busque tratamiento y, por lo tanto, debes aceptar este hecho.

Muchas de mis clientas se preguntan: «¿Cómo lo hago?» Recuerda que no puedes cambiar a nadie. Sólo puedes cambiarte a ti misma. Cómo veas las cosas y cómo trates tus percepciones está en tus manos. No lo está cambiar a tu madre. Quizá desees poder arrastrar a tu madre a terapia contigo, y muchas mujeres lo hacen. A veces, vale la pena intentarlo, otras no.

En todo caso, el éxito del trabajo de recuperación descansa por entero en ti, la hija. Abandona la creencia de que tu madre puede ser o será diferente, y que alguna vez podrá darte el amor que te mereces. Abandonar esta idea te liberará y te permitirá encontrarte a ti misma. Decide aceptar y comprender que la imposibilidad, la incapacidad de tu madre, su enfermedad y sus limitaciones te han hecho daño. Este primer paso te saca de la negación y te obliga a enfrentarte a la realidad. Es un paso hacia la sanación. Decide ahora. Este acto te devolverá el control que necesitas para seguir el importante proceso de duelo que viene a continuación.

¿Cómo sé que he aceptado totalmente las limitaciones de mi madre?

Para determinar dónde estás en este proceso de aceptación de las limitaciones de tu madre, puedes hacerte las siguientes preguntas:

1. ¿Continúo deseando y esperando que mi madre sea diferente cada vez que hablo con ella?
2. ¿Continúo teniendo expectativas respecto a mi madre?
3. ¿He aceptado a mi madre tal como es?
4. ¿Espero que alguien satisfaga mis necesidades infantiles porque con mi madre me he dado por vencida?

5. ¿Continúo tratando de que mis necesidades infantiles se vean satisfechas en mis relaciones, en lugar de confiar en mí misma?

6. ¿Estoy buscando a un hombre que reemplace a mi madre?

7. ¿Pienso que tengo derecho a ver satisfechas mis necesidades?

8. ¿Confío ahora en mí misma para satisfacer la mayoría de mis necesidades y, cuando hay alguien a mi lado, lo veo como una bendición añadida más que como algo que se me debía?

Cuando, en tu recuperación, hayas completado con éxito la parte de la aceptación, te darás cuenta de que nadie puede, realmente, satisfacer las necesidades de tu infancia y elegirás el número ocho de la lista anterior. La parte de la vida en que tenías derecho a esa clase de nutrimento materno ha desaparecido. Estás dispuesta a llorar la pérdida, pero comprendes plenamente que ni puedes volver atrás y conseguirla ni puedes hacer que vuelva a suceder ahora con alguna otra persona. Recuerda, como adulta, no tienes derecho a esto. Eres responsable de ti misma, ahora estás dispuesta a aceptar la responsabilidad de tus propias necesidades y buscar la manera de satisfacerlas. Una vez establecido esto, estarás preparada para el duelo.

Enséñate a llorar

«Ocúpate de tus sentimientos, antes de que ellos se ocupen de ti.»

Terapeuta de rehabilitación en la película
Postales desde el filo[1]

El proceso de duelo empieza con otra decisión: dejar que tus sentimientos estén ahí. Yo tuve que enseñarme a mí misma a hacerlo, en particular cuando esos sentimientos eran de tristeza o de rabia. Mientras aprendía a sentir, había días en que me quedaba en casa, sin ir al trabajo, enviaba a los niños a la escuela, cerraba las persianas, cogía almohadas y me permitía llorar, gritar, golpear las almohadas o hacer cualquier cosa que necesitara para desahogarme. Al principio, me quedaba allí, sentada, sin que brotara ningún sentimiento, pero sabía que había montañas de ellos porque emergían de otras maneras cuando menos lo esperaba. Al final, dándome tiempo, las lágrimas empezaban a brotar y luego a caer a raudales. El truco era dejar que lo hicieran. Sentirlas. Es difícil cuando te han enseñado a aguantarte o a tragártelas o a no sentir nada; ser falsa, fingir que todo va bien cuando no es así.

Quédate con esos sentimientos. Quédate con el dolor. Controla la ansiedad y la depresión que los acompañan para poder trabajar en ellos. No intentes convencerte de que tienes que evitarlos. Puede que los que te rodean traten de hacerlo. Nadie quiere verte herida y tus seres queridos quizá no comprendan lo importante que es, así que no los escuches. ¡Date permiso para sentir! Cuando la vieja negación trate de reafirmarse, o los mensajes internos críticos empiecen de nuevo, ahuyéntalos. Dite a ti misma que te mereces este tiempo para sanar.

Es normal que sientas que eres una blandengue o que te digas que eres una niña pequeña. Yo hago esto de forma regular, incluso ahora cuando no tengo sentimientos que procesar. Tengo que decirme: «Está bien ser una niñita en este momento. Los bebés son dulces e inocentes». Te prometo que no serás un bebé para siempre. No dura, porque trabajas para superarlo precisamente de esta manera.

Puede que empieces a intentar racionalizar el dolor para eliminarlo. «No debería sentirme así», o «No lo pasé tan mal». Esto no te ayudará. Sea lo que sea lo que esté ahí, tienes que soltarlo. Déjalo ir. A veces, para poder lograrlo tienes que estar tranquila y tomarte un tiempo en soledad. Si estás acostumbrada a mantenerte ocupada para adormecer el dolor, observarás que los sentimientos afloran cuando frenas la actividad y te sientas sosegadamente o te permites estar sola. Es muy importante hacerlo. Reserva algo de tiempo en soledad, exclusivamente para este proceso de duelo. Hazlo varias veces, hasta que empieces a sentir alivio.

Prueba con varias cosas diferentes, hasta que descubras qué te da resultado. Para mí, lo mejor es estar sola en casa, con las cortinas corridas. A algunas mujeres les gusta dar largos paseos, ir a correr, hacer excursiones por la montaña, hacer largos recorridos en coche o sentarse en una cafetería. Todas somos diferentes, y es importante que encuentres el lugar donde te sientes cómoda. Lo más importante es que permitas que suceda. Al principio, como les han enseñado a *no* hacerlo, las hijas de madres narcisistas se sienten incómodas prestándose esta atención emocional. Pero puedes conseguirlo.

Las etapas del duelo

El proceso natural del duelo, tal como lo describe la doctora Elisabeth Kübler-Ross en *Sobre la muerte y los moribundos*, consiste en cinco etapas: negación, ira, negociación, depresión y aceptación.[2] Para tu recuperación, también usaremos estas etapas, pero pondremos la aceptación en primer lugar. Ya hemos estado envueltas en la negación y la negociación con nuestra madre durante largo tiempo, y sin aceptación no podemos avanzar para ocuparnos de nuestros auténticos sentimientos. Sin la aceptación, seguimos en la negación. Después de aceptar, podemos tratar la ira y la depresión que nos causa nuestra pérdida para poder liberarnos del dolor que hemos sentido toda la vida. Veamos algunos ejemplos de cómo funciona.

NUESTRAS ETAPAS DE DUELO

1. *Aceptación.* Primero tenemos que aceptar que nuestra madre sólo tiene un amor y una empatía limitados para dar; de lo contrario no podremos permitirnos salir de la negación y aprender cómo sentir nuestros sentimientos. Una vez que nos hemos dado cuenta de nuestro problema, la aceptación es nuestro primer paso en la recuperación.

2. *Negación.* De niñas, para poder sobrevivir, tuvimos que negar que nuestra madre era incapaz de amor y empatía. Un niño anhela el amor por encima de todo lo demás, y nosotras necesitábamos esa negación para seguir creciendo y sobreviviendo.

3. *Negociación.* Toda la vida hemos estado negociando con nuestra madre, tanto en nuestro interior como con ella. Hemos deseado y esperado que ella cambiara, que fuera diferente la próxima vez que la necesitáramos. Hemos probado muchas cosas a lo largo de los años para ganarnos su amor y aprobación.

4. *Ira.* Sentimos una ira intensa y, a veces, furia cuando comprendemos que no se han satisfecho nuestras necesidades emocionales y que este descuido ha afectado a nuestras vidas de forma adversa y grave. Nos sentimos furiosas contra nuestra madre y contra nosotras mismas por permitir que se desarrollaran unos modelos de conducta y por haber quedado atascadas.

5. *Depresión.* Sentimos una intensa tristeza por tener que abandonar nuestra visión de la clase de madre que queríamos y la esperanza de tenerla. Comprendemos que ella nunca será tan afectuosa como queremos que sea. Nos sentimos huérfanas o niñas sin madre. Abandonamos todas las expectativas. Lloramos haber perdido la visión de esas expectativas.

Durante este proceso, rebotarás de una etapa a la otra, pasando por todas ellas. No avances hasta que aceptes firmemente que tu madre fue narcisista y no te dio el amor que necesitabas y querías. Porque sólo entonces podrás hacer tu duelo como es debido. Si descubres que no lo aceptas, vuelve atrás y trabaja sobre ello de nuevo. Es el requisito previo para el trabajo que vendrá.

Lleva un diario

Te ayudará enormemente llevar un diario para recorrer el proceso de recuperación. A lo largo de este programa de recuperación, me referiré a que escribir las cosas en un diario lo conserva todo en un único lugar. Escribir un diario es una manera de registrar los sentimientos que afloran a la superficie y también te ayudará a revisarlos y comprobar tus avances. A algunas hijas, les gusta escribir a mano, mientras que otras se sienten más cómodas tecleando en un ordenador. Yo tengo un archivo del dolor en el ordenador, que miro al final de cada día. Puedo descargar allí los sentimientos que han aflorado y de los que necesito ocuparme. Anotar los sentimientos es otro medio de eliminarlos de tu sistema y, al hacerlo en un diario, refuerzas la liberación de tu trauma. No te preocupes de la ortografía, de la gramática ni de la estructura de las frases. Sólo escribe cualquier cosa que surja.

Al principio, muchas hijas se resistían a llevar un diario, porque no les gustaba escribir o tenían miedo de que alguien encontrara la información. A pesar de eso, yo te aliento a escribir un diario porque significa que te estás tomando tu recuperación en serio. Te comprometes a escribir, seguir la evolución de lo escrito y comprobar tus progresos. Tu salud y tu felicidad merecen esta inversión de tiempo. Es necesario que tomes el control de tu propia sanación y te ocupes conscientemente de estos sentimientos de toda la vida o ellos te controlarán a ti.

Llorar por la madre que nunca has tenido

Cada niña merece tener una madre que esté loca por ella. Si tú no tuviste una madre afectuosa, tienes derecho a llorar la pérdida.

Conforme dejes que los sentimientos afloren, reconócelos y anótalos. Empieza con una lista de cómo sería una madre ideal para ti. Piensa en lo que querías o lo que veías en otras madres que conocías. Compara lo que deseabas con lo que tenías en tu propia madre. Haz frente a las decepciones y el dolor que sentías. Esto es extremadamente importante en esta fase de la recuperación. Encuentra los fallos. Anótalos. Está bien hacerlo.

Algunas mujeres escribieron lo siguiente en su lista de la madre ideal:

- «Querría alguien a quien pudiera llamar y contarle cosas. Alguien que me comprendiera. Podría hablar con ella sobre mis sentimientos y ella no hablaría para nada de ella misma.»

- «Querría una madre para hablarle de mí y que estuviera orgullosa de mí de una manera real, que me aceptara. Que se interesara por las cosas que me interesan. Que le importara lo que hago. Que me reconociera. No todo tiene que girar en torno a ella.»

- «Siempre he querido poder bajar la guardia y decirle la verdad y saber que ella me cuidaría. Quería tener sentimientos y que ella estuviera allí y los sintiera también. Contarle mis preocupaciones y que ella se ocupara de ellas y no las empeorará. Que tuviera la capacidad de consolarme y protegerme.»

- «Quería una madre que entendiera mi vida, no una que fuera distante y no me apoyara. Quería que me preguntara por sus nietos y que le importaran. Cada año o cada dos, me pregunta qué tal estoy. Sin ninguna duda, querría que eso fuera diferente.»

• «Deseaba y necesitaba tanto a una madre que se ocupara de sentimientos reales y que fuera fuerte emocionalmente. Una madre que me permitiera desarrollar mi auténtico yo y no esperara que fuera un escaparate para ella. Habría sido una bendición tener algo de empatía y consuelo; ni siquiera puedo imaginármelo con ella.»

Aunque la mayoría de hijas sienten tristeza por no haber recibido el amor adecuado de sus madres, están profundamente convencidas, una convicción arraigada desde la infancia, de que no merecen o no merecían tener una madre amorosa. ¡Pero sí que la mereces! Y si no tuviste este amor, debes reconocer que no lo recibiste y que, como resultado, tienes este agujero, este vacío, en tu desarrollo emocional. Hoy, es crucial que te enfrentes a esta tristeza para poder desarrollar tu conciencia de ti misma. No digo que te sientas triste permanentemente por esto, pero sí que lo reconozcas, lo encares y te permitas sentir tristeza por el dolor que te ha causado. Avanzaremos más allá de esta etapa de pesar. No es ahí donde vivirás el resto de tu vida.

No escuches a los demás mientras pasas por este proceso. Con frecuencia, tus seres queridos y tus amigos bienintencionados te dirán cosas como «Olvídalo ya», «No puedes deshacer el pasado; deja de intentarlo», «Deja de pensar en el pasado y vive en el presente». Los más cercanos a ti (y algunos no tan cercanos) te desalentarán de hacer este importante trabajo precisamente porque no comprenden lo importante que es. Quizá no quieran que sufras, así que tratan de solucionarlo. No comprenden que si no te enfrentas a esta tristeza, seguirá siendo parte de ti para siempre. No escuches estos consejos no cualificados. Ésta es precisamente la razón de que, hoy, muchas personas estén proyectando sus sentimientos, actuando mal, creando crisis para ellos y para otros, sufriendo depresión y ansiedad y no siendo responsables de sus propios actos y emociones; no se enfrentan a la verdad sobre su propio dolor. Te doy, partiendo de mi experiencia personal y profesional, la «clave» para que recorras el tercer paso de la recuperación de forma que sea eficaz. *Si dejas de lado este paso por miedo o porque has escuchado las opiniones de los demás, tu recuperación no dará resultado.* Este paso es el *más* importante de la recuperación.

A veces, los niños comprenden la necesidad de llorar y gritar mejor que los adultos. Mientras escribía este capítulo, una amiga me envió un correo electrónico con una anécdota de un niño de cuatro años que comprendió algo que muchos adultos han olvidado.

El vecino de la casa de al lado de este niño era un anciano que había perdido a su esposa recientemente. Al ver llorar a aquel hombre, el pequeño entró en su jardín, se le subió a las rodillas y se quedó allí sentado. Cuando su madre le preguntó qué le había dicho al vecino, el pequeño dijo: «Nada, sólo le he ayudado a llorar».

Tu dolor puede adoptar la forma de una intensa tristeza, de ira, incluso de cólera. No actúes siguiendo estos sentimientos, excepto para escribirlos. No seas destructiva contigo misma o con otros, pero permítete sentir estas emociones. Llora hasta que no puedas soportarte más. Sé que he acabado de llorar por algo cuando estoy harta de mí misma. Al final, pasarás de sentirte como si cargaras con un equipaje enorme, cada día de tu vida, a ser alguien que viaja ligero, que ha tirado su equipaje y ahora siente sólo un inmenso alivio.

La culpa esperada

La culpa asomará su fea cabeza. Nuestra cultura nos enseña que «las niñas buenas no odian a su madre», así que, cuando sientas la ira, la cólera y la tristeza, puedes dar por sentado que también sentirás culpa. Aceptemos, por ahora, que no pasa nada por sentir culpa. En casi todas las entrevistas que he sostenido con hijas de madres narcisistas, la hija menciona lo mal que se siente por hablar negativamente de su madre. También es tabú decir que tienes que recorrer el camino para llegar al otro lado. No defiendo que la odies o que le expreses tu rabia. La ira no durará si te permites sentirla ahora. Tienes que enfrentarte a tus pérdidas y decepciones antes de poder dejarlas atrás. Tu objetivo es superar la culpa y llegar a ese punto de profunda comprensión y paz en tu interior. Esto te permitirá estar en paz también con tu madre.

- Martha, de sesenta y dos años, me comenta: «Tuve un ataque de culpa antes de esta entrevista. La frase favorita de mi madre era: "Los trapos sucios se lavan en casa. No los lleves a ningún otro sitio". Se horrorizaría y se pondría hecha una furia si supiera que he hablado de ella».

LLORAR LA PÉRDIDA DE LA NIÑA QUE NO LLEGASTE A SER

La siguiente zona específica de duelo es llorar por la pequeña «tú» que no llegó a existir porque tuviste que ser una temprana cuidadora de tu madre y, a veces, de toda la familia.

Piensa en lo que habrías podido hacer si te hubieran permitido ser sólo una niña. Imagínate haciendo esas cosas ahora. Anótalas y vuelve a mirar lo que perdiste. Deja que tus sentimientos estén presentes. Siéntelos. Si tienes dotes artísticas, dibújate haciendo esas cosas que querías hacer. Tal vez ahora, adulta, puedas hacerlas. Hablaremos más de esto en el capítulo 12.

Cuando recorrí este estado de duelo en mi propia recuperación, utilicé un ejercicio que ahora uso con frecuencia con mis clientas. Me sentaba en una mecedora, después de que mis hijos se hubieran ido a la cama y me mecía, cerraba los ojos y me imaginaba como si fuera una niña pequeña. Conseguía esta imagen de una niña con largas trenzas rubias y botas rojas de vaquero. Entonces, le tendía los brazos a esa niña y le pedía que viniera y me dijera qué necesitaba de mí. En su primera aparición, era una niñita triste, furiosa, que daba patadas contra el suelo con sus botas rojas y sacudía las trenzas, pero conforme me hablaba, me iba dando cuenta de que ahora yo tenía que cuidar de ella y reconocer lo que le había faltado de niña. Llorábamos juntas en aquella mecedora. Pasé mucho tiempo haciendo este ejercicio repetidas veces. Tu niña interior te hablará, también a ti, si la invitas. Anota en tu diario lo que sucede en cada interacción.

Otra técnica que resulta útil para entrar en contacto con tus necesidades de pequeña es la que llamo «terapia de la muñeca». Vete de compras y busca una pequeña muñeca que se parezca a ti cuando tenías entre tres y ocho años. Búscala hasta que encuentres una que te guste, llévatela a casa y háblale. Ponla en la cama, el tocador o el sofá para que esté a plena vista y te recuerde que tiene necesidades. Pregúntale qué le ha faltado y qué necesita de ti ahora. Anota los pensamientos que se te ocurran para que no los pierdas cuando estés atareada con tu trabajo de cada día, algo que es fácil. Tienes que poder referirte a la lista para ver qué sigues necesitando llorar y cómo darte lo que no recibiste de niña.

Cuando entres en este proceso de duelo, permite que la niña o la muñeca te hablen a edades diferentes. Permítele que entre en la adolescencia, incluso hasta los dieciocho años. Grabados en la memoria de muchas hijas están los momentos en que necesitaban que su madre estuviera allí durante los difíciles años de la adolescencia. Si tus recuerdos empiezan a penetrar incluso en tus veinte años o en la edad adulta, ve con ellos. Si te concedes el sosiego y el tiempo, los sentimientos que necesitas procesar saldrán a la superficie.

Es razonable buscar a un terapeuta durante esta parte de tu recuperación. Primero, intenta seguir los consejos que te propongo por ti misma; han sido útiles en mis sesiones con hijas. Pero si te atascas y no surge nada, recurrir a ayuda profesional en el proceso puede representar una gran diferencia. Quizá quieras buscar un profesional de la salud mental que conozca una técnica llamada desensibilización y reprocesamiento por los movimientos oculares (EMDR, por sus siglas en inglés), un método que es especialmente útil para procesar los sentimientos. Ve a la página web emdria.org para buscar un profesional cualificado de EMDR en tu comunidad. Esta página también te ofrece artículos sobre EMDR y te ayuda a comprender cómo funciona. En pocas palabras, es un tratamiento diseñado para procesar los traumas y desensibilizar las emociones relacionadas. Después de haberlo usado durante años con mis clientas, puedo dar fe de su eficacia. Y actúa más rápidamente que la mera terapia de conversación.

Encontrar al terapeuta adecuado significa dar con uno que tenga las cualificaciones apropiadas y con quien puedas conectar personalmente, algo que es clave para que la experiencia terapéutica tenga éxito. Para esta clase particular de trabajo terapéutico, te recomiendo a una mujer terapeuta que sea mayor que tú. También es útil que sea madre o abuela. No son condiciones absolutas, pero sí que resultan útiles para establecer la confianza y la conectividad emocional.

El aspecto más importante de los primeros pasos de la recuperación para las hijas de madres narcisistas, no obstante, es hacer el trabajo de aceptación y duelo por ti misma tanto como puedas, *antes* de pasar a los siguientes capítulos y sugerencias. Si no trabajas en la aceptación y el duelo, el resto de tu recuperación no «arrancará». Necesitas una recuperación de verdad y que dure. Si crees que ya has superado la aceptación y el duelo, empieza los siguientes capítulos, y si encuentras que no te dan resultado, vuelve a estos «primeros pasos» y trabaja con ellos de nuevo. Necesitas limpiar esta casa primero —tienes que hacerlo— antes de entrar en su decoración emocional y espiritual.

- Lou, de cuarenta y cuatro años, me dice: «Tengo que reconocer, doctora McBride, que odiaba esta parte de la recuperación, pero, sí, valía la pena. Una y otra vez, a lo largo de mi vida, he intentado hacer el resto de la recuperación de que me habló y nada parecía dar resultado hasta que me vine abajo y me sentí tan mal».

- Mimi comenta: «Nunca me he visto como una persona furiosa, colérica. Siempre había pensado que eso significaba que era malvada, y huía de ello como de la peste. Me costó mucho dar este paso, en especial la parte de los sentimientos. Podía hablar y hablar y no callar sobre mi madre, pero nunca había querido admitir que me había hecho tanto daño. Era como si ella ganara de nuevo y yo fuera, otra vez, una víctima. Ahora veo que tenía que ser esta víctima malvada y colérica para conseguir pasar al otro lado».

En el otro lado es donde empezarás a crecer y a sustentarte. Cuando estés dispuesta, acompáñame para hacerlo en el próximo capítulo.

11

Parte de y aparte de

SEPARARSE DE LA MADRE

«Si todas acaban siendo igual que su madre, ¿para qué mierda sirve todo esto?»

Elisabeth Strout, *Amy e Isabelle*[1]

Llegar a ser auténticas y completas; éste es el objetivo final para recuperarse de una madre narcisista. Tu siguiente paso para lograrlo es separarte psicológicamente de tu madre como adulta, para que puedas desarrollar tu propia psiquis emocional interior. Porque cuando desarrollas tu ser emocional interior, te vuelves fuerte y resistente. Puedes valerte por ti misma. Puedes sustentarte frente a la privación materna, sobrellevar cualquier letanía negativa de tu madre y aguantar las críticas de cualquiera de tu entorno exterior. Te convertirás en una mujer que puede estar cerca de su madre y lejos de ella, y seguirás entera en ambas situaciones. Ésta es la habilidad de *ser parte y estar aparte* al mismo tiempo, conservando en todo momento un acceso constante a una firme conciencia del yo.

¿Por qué la separación psicológica de tu madre es importante para tu salud mental?

La individuación, una parte normal del desarrollo, comienza hacia los dos años de edad cuando la niña empieza a decir «no» y «mío», y continúa a lo largo de la vida conforme la niña madura, desarrolla sus propias demandas, necesidades y deseos, y deliberadamente se suelta de sus padres para forjar una sana conciencia de sí misma. Los padres sanos permiten que esto suceda gradual y naturalmente.

El proceso de individuación se atrofia en los hijos de una madre narcisista, porque los ha absorbido o ignorado. Una niña ignorada no ve satisfechas sus necesidades emocionales y no puede trabajar en sí misma ni en la separación, porque todavía sigue tratando de llenar su propio depósito con el amor de su madre. Continuamente trata de fusionarse con su madre como si fuera una niña pequeña, esforzándose por conseguir la aprobación y la atención de la madre. A una niña absorbida la desalientan de verse como alguien separado de su madre y tener necesidades, deseos, pensamientos o sentimientos individuales. Las necesidades emocionales de la hija no se ven satisfechas y tiene dificultades para desarrollar la conciencia de sí misma. Si has lidiado con problemas de control en tu propia vida y en tus sentimientos o no puedes disfrutar de tus éxitos, estás luchando, como la mayoría de hijas de madres narcisistas para separarte e individuarte. Es probable que todavía estés buscando y desarrollando tu yo completo.

Durante muchos años, cuando me sentía abrumada, tenía una frase favorita: «Soy demasiado pequeña para esto». La usaba siempre que me enfrentaba a un gran proyecto o tenía que tomar una decisión importante para mi vida. Un día, se me ocurrió que era una expresión inconsciente de una realidad mucho más profunda. Durante una sesión de terapia, mientras procesaba la ruptura de una relación amorosa, mi terapeuta me preguntó, inocentemente, por qué había decidido seguir en la casa en la que había vivido con el hombre al que quería olvidar. Parecía demasiado grande para una sola persona, entonces, ¿por qué no me trasladaba y buscaba un sitio propio, más pequeño y práctico, que pudiera llamar «sólo mío»? Recuerdo que me quedé en blanco y atontada y respondí: «Soy demasiado pequeña para trasladarme». Los ojos de mi terapeuta chispearon y sonrió. Al instante, me puse a la defensiva y me sentí irritada, pero él me explicó con delicadeza: «Ése es justamente el problema».

La verdad es que me sentía «demasiado pequeña». Cuando no has completado la individuación con tu madre, eso te deja inacabada y emocionalmente inmadura, una media persona que aspira a llegar a ser una persona completa. Si tu yo emocional está atrofiado, no crece en proporción a tu yo físico, intelectual y espiritual. Tienes que sanar para poder estar completa.

Hace años, en momentos de estrés, recitaba sin darme cuenta las palabras «Oh, mamá». Gracias a Dios, ese impulso ha desaparecido, pero recuerdo muy bien lo infantil y huérfana que me sentía. Escribir esto hoy me hace sonreír sencillamente porque puedo reconocerlo y agradecer que he crecido y lo he dejado atrás.

Una parte de separarte de tu madre y de la infancia es dejar de hablarte a ti misma negativamente, diciendo, por ejemplo: «No soy lo bastante buena», «No soy digna de que me quieran», «No puedo confiar en mí misma». Como has interiorizado estos mensajes, ahora te hablan como te hablaba tu madre. Decide por ti misma qué dicen esos mensajes, niégales la entrada y anúlalos. Al hacerlo, te separarás de un modo sano de tu madre disfuncional y de su credo contraproducente. Te reconocerás como una mujer individual.

- Gracie, de treinta y cinco años, recuerda su lucha por individuarse con una dolorosa claridad. «Me llevó mucho tiempo sentirme como una persona independiente de mi madre. Se fundió conmigo y además todo tenía que ver con ella; no había ninguna distancia».

• Marianne quiere estar cerca de su familia, pero necesita su consciencia de sí misma, duramente ganada. «Parece que me va bien de verdad con mi establecida consciencia de mí misma hasta que estoy cerca de mi madre y de la familia y entonces es como si me absorbieran y cayera de nuevo en los viejos papeles que todos solíamos representar. Deseo muchísimo ser sólo yo, incluso cuando estoy con todos ellos.»

¿Qué significa, exactamente, la separación?

La literatura psicológica dice que separación-individuación define una consciencia del yo y una diferenciación. Todos tenemos que emprender la individuación de nuestra familia de origen para crecer plenamente. La separación psicológica es un proceso interno que no tiene nada que ver con separarnos geográficamente de nuestra madre o familia de origen. Según el renombrado terapeuta de familia doctor Murray Bowen, una mujer adulta puede considerar que ha avanzado más en su proceso de individuación cuanto (1) menos emocionalmente reaccione a la dinámica familiar, (2) más objetiva sea al observar esa dinámica familiar y (3) más consciente sea de los «mitos, imágenes, distorsiones y triángulos» a los que ha sido ciega mientras crecía.[2] Al someterte a los procesos de aceptación y duelo del capítulo anterior, puedes dar estos pasos con éxito. Como dice Bowen:

La persona que adquiere una cierta habilidad para convertirse en observadora y controlar algo de su reactividad emocional adquiere una capacidad que es útil para la vida en todo tipo de embrollos emocionales. La mayor parte del tiempo puede vivir su vida, reaccionando con respuestas emocionales apropiadas y naturales, pero con el conocimiento de que, en todo momento, puede salir de la situación, frenar su reactividad y hacer observaciones que le ayuden a controlarse y controlar la situación.[3]

¿Cómo me libero de la órbita materna?

Liberarte y dejar de orbitar en torno a tu madre es el único medio de conseguir un auténtico dominio de tus decisiones en la vida y convertirte en quien estás destinada a ser. Yo hago que mis clientas recorran los tres pasos siguientes cuando pasan por esta etapa del desarrollo: (1) comprender cómo tu madre proyecta sentimientos sobre ti; (2) comprender y hacer frente a la envidia de tu madre y de otros; y (3) erradicar los mensajes negativos interiorizados. Vamos a verlos, uno tras otro, en las páginas siguientes.

PROYECCIÓN

La proyección se entiende mejor como el proceso por el cual una persona toma sus propias emociones y las ve como procedentes de algún otro, creyendo que en realidad esa otra persona originó esas emociones. Hacemos esto cuando no nos enfrentamos a nuestro propio dolor o conflictos internos y culpamos a otros de nuestra propia confusión. Generalmente, las hijas de madres narcisistas son las víctimas propiciatorias de las proyecciones maternas, que incluyen un ego frágil y la aversión hacia sí mismas. La hija no comprende este odio y lo interioriza, de forma que cree que es mala o no lo bastante buena. Como esto ha empezado a una edad muy temprana, parece normal y real.

HACER FRENTE A LA ENVIDIA MATERNA

Las hijas de madres narcisistas suelen sentir la envidia de su madre. Es hora de reconocerlo y comprenderlo. Muchas personas creen que ser envidiadas es una experiencia deseable y poderosa, pero en realidad ser envidiadas, en particular por nuestra propia madre, es turbador y horrible. La consciencia de sí misma de la hija se ve anulada por el desdén y la crítica. Ponen en duda su bondad, la etiquetan como mala o le restan importancia, lo cual hace que se sienta como si «su realidad como persona fuera borrada».[4] Cuando analiza qué parece poner celosa a su madre —su aspecto, sus logros, su riqueza material, su peso, su personalidad, sus amigos, marido o pareja o su relación con su padre o hermanos—, llega a sentir que no tiene ningún valor. Para la hija no tiene ningún sentido que su propia madre tenga esos malos sentimientos hacia ella y, por lo tanto, cree que hay algo malo en ella misma.

A las hijas suele costarles aceptar que las envidian y ser capaces de hablar de ello abiertamente. Creo que es porque no quieren parecer arrogantes al pensar siquiera que alguien podría envidiarlas. Podemos hablar de sentirnos celosas de alguien o algo, pero decir que creemos que alguien nos envidia suena altanero, ¿verdad? Las hijas de madres narcisistas no suelen ver su propia bondad lo suficiente para reconocer la envidia en lo que es, pero creen que, una vez más, han hecho algo mal. Bien, para ti esta envidia era muy real, en particular si puedes recordar comentarios, críticas y juicios específicos que tu madre hizo sobre ti o sobre las cosas que hacías. Quizás hayas intentado encontrarles sentido antes, pero es importante que ahora anotes cualquier comentario que pareciera envidia. Verlos en blanco y negro en tu diario te ayudará a reconocer las distorsiones que llegaron a ti y crearon un sentimiento horrible dentro de tu espíritu.

Si te culpaste por estos comentarios y trataste de corregir lo que te parecía un malentendido, sin duda tus esfuerzos fracasaron, porque es imposible reparar la envidia distorsionada de una narcisista. Esa envidia permite que la madre insegura se sienta temporalmente mejor respecto a ella misma. Cuando te envidia y luego te critica y devalúa, te elimina de su vida y de esta manera reduce la amenaza contra su frágil autoestima. La envidia es una herramienta poderosa del repertorio de la narcisista; es probable que la hayas visto en las interacciones de tu madre con los demás. Sin embargo, cuando la dirige contra ti, crea un sentimiento de indefensión y de dolorosa duda de ti misma.

Para liberarte de tu confusión y ver la envidia tal como es, reconoce tu propia bondad y fuerza. No seas rencorosa ni respondas con fealdad. La envidia que te dirigen no te pertenece y no tienes que identificarte con ella. Puedes sentir la herida y la tristeza, pero no devolver el ataque o buscar venganza. Aférrate a lo bueno que hay en tu interior. La mayoría de hijas con las que he trabajado no son vengativas, así que muy probablemente tú tampoco lo seas. ¿Puede sorprendernos que Cenicienta sea el cuento de hadas favorito de las hijas de madres narcisistas?

ERRADICAR LOS MENSAJES NEGATIVOS

Para liberarte de los mensajes negativos, piensa primero en cómo tomas una amplia serie de decisiones. ¿Las basas en información en la que confías? ¿Esa información procede, en general, de una fuente fiable? ¿Tienes, normalmente, datos que te dicen que esta fuente es alguien en quien puedes confiar, alguien con las credenciales necesarias para darte consejos o ayuda? ¿Has tenido, en general, una buena experiencia con esta persona y has podido confiar en su percepción, información y conocimientos? ¿Esta fuente fiable te trata mayormente con respeto y le importa cómo te sientes? Lo más probable es que tu respuesta a estas preguntas sea sí.

Así pues, te pregunto: ¿es sensato coger esos mensajes interiorizados de tu infancia y creerlos, dado que proceden de alguien que no era auténtico, afectuoso o empático, que no podía establecer un vínculo emocional íntimo contigo, que proyectaba sus propios sentimientos en ti, porque no estaba en contacto con sus propias emociones y que, además, te envidiaba? ¿Por qué ibas a permitir que esta persona defina quién eres? Considera la fuente. Recuérdate todo esto cuando cojas un bolígrafo o escribas en el ordenador e identifiques y registres esos mensajes negativos. Anótalos en una columna y, en otra, escribe por qué, sencillamente, no son verdad. Al hacerlo, estás redefiniendo lo que crees que es verdad de ti misma. ¿Es realmente verdad, por ejemplo, que no eres lo bastante buena? ¿Quién lo dice? ¡Sólo tienes que ser lo bastante buena para ti misma!

Una vez que hayas identificado los mensajes negativos y hayas respondido, diciendo por qué no son correctos, tu siguiente tarea es acordarte de hacer este mismo ejercicio siempre que irrumpa un mensaje en tu cabeza. De esta manera, borrarás el viejo y pondrás uno nuevo, cada vez que un mensaje negativo aparezca. Necesitarás algo de práctica, pero con el tiempo tu constancia rendirá resultados.

Aunque trabajar en este programa de recuperación te aportará éxito, si tienes dificultades para liberarte de tus mensajes interiorizados y necesitas ayuda adicional, éste es otro momento de tu recuperación en que un terapeuta que use la desensibilización y reprocesamiento por los movimientos oculares (EMDR) podría ayudarte. Llevarías tus mensajes negativos específicos a tu terapeuta, que probablemente te pedirá que pongas un recuerdo traumático a cada mensaje, para que la terapia EMDR sea eficaz.

Criterios de separación

¿Cómo sabrás cuándo tu auténtico yo se ha desarrollado y separado, dejando de orbitar alrededor de tu madre? ¿Cómo sabrás cuándo te has desemparejado con éxito de la disfunción materna y te mantienes erguida, fuerte y capaz de verdad? James Masterson, en *La búsqueda de la verdadera personalidad*, describe las capacidades clave del auténtico yo.[5] Las he interpretado para las hijas de madres narcisistas:

- *Capacidad para experimentar profundamente una amplia serie de sentimientos con vivacidad, alegría, vigor, entusiasmo y espontaneidad.* Te permites sentir lo que realmente sientes y no creas barreras para anestesiar la gama completa de las emociones humanas. Te permites expresar esos sentimientos de forma apropiada.

- *Capacidad para dar por sentados unos derechos apropiados.* Crees en ti misma y ya no estás llena de la angustia de dudar de ti; por ello, te reconoces el mérito cuando es debido.

- *Capacidad para movilizarte y reafirmarte.* Puedes identificar tus sueños y deseos y eres capaz de proponerte hacerlos realidad si estás convencida de que puedes hacerlo.

- *Reconocimiento de tu autoestima.* Ahora crees que vales y puedes validarte, con independencia de la aprobación externa, mundana.

- *Capacidad para calmar los sentimientos dolorosos.* Cuando la vida crea situaciones dolorosas, puedes consolarte, no regodearte en la desdicha, y buscar soluciones.

- *Capacidad para asumir compromisos y cumplirlos.* Cuando las decisiones son las correctas para ti, puedes mantenerte firme y superar los obstáculos, las críticas y los contratiempos.

- *Creatividad.* Puedes buscar soluciones a los problemas y disponer de recursos y también desactivar lo negativo con lo positivo.

- *Intimidad.* Puedes expresarte de forma plena y sincera en una relación íntima con otra persona, con una mínima ansiedad respecto al abandono o la asfixia. Puedes crear intimidad emocional, sin miedo ni ansiedad a que te abandonen o te absorban.

- *Capacidad para estar sola.* Puedes disfrutar de la relación contigo misma, estar sola y encontrar sentido en tu interior.

- *Continuidad del yo.* Tu núcleo interno es real y sigue siendo el mismo durante las pruebas y tribulaciones de la vida, y durante todo el proceso de envejecimiento.

Quizás estés pensando que suena bien, pero que tú nunca podrás llegar a hacerlo. Los capítulos restantes te ayudarán a lograr todo lo anterior. Recuerda, no obstante, que la recuperación es un trabajo que dura toda la vida y que no puedes conseguirlo todo de una vez. Veamos algunas historias alentadoras de mujeres que se han individuado, separándose de sus madres.

- «Nunca entendí el "proceso de individuación" hasta que empecé a someterme a terapia. Ahora puedo ver a mi madre y conservar mi yo al mismo tiempo. No sabes lo mucho que esto significa para mí» (Erin, cuarenta años).

• «Comprender la parte de la envidia fue un paso enorme para mí. Ha sido algo doloroso en mi vida desde siempre; mi madre, mi hermana y algunas amigas me han mostrado envidia y siempre he tenido que ocultar cuidadosamente cualquier cosa buena o exitosa que hiciera, porque no quería despertar su ira. Ahora comprendo que no tiene nada que ver conmigo y puedo estar orgullosa de mí misma y darme crédito por lo que hago. No sabes lo importante que esto ha sido para creer en mí misma. Siempre había tenido que menospreciarme para sentirme aceptada y ahora puedo ser yo misma» (Annabel, treinta y cuatro años).

• «Siempre parecía que si cometía errores, mi madre me aceptaba mejor. Cuando lo hacía bien, siempre tenía algo malo que decir. O hacía comentarios sobre que me lo tenía demasiado creído. Esto me dolía mucho. Ahora lo que dice no me importa realmente. He trabajado mucho para individuarme respecto a ella porque ahora sé que ya no es una fuente fiable para definirme. Finalmente, esto tiene sentido» (Chloe, sesenta y dos años).

• Holly, cuya madre es pastora, siempre se ha sentido presionada y «menos que» porque de adulta no eligió la religión de la familia. «Después de hacer este trabajo de recuperación, he descubierto que cuando mi madre me envía cartas con citas de la Biblia sobre la clase de esposa que debería ser, ya no las rumio durante días ni me siento deshecha. Soy capaz de aceptar sus creencias como suyas y, además, aceptar lo que yo creo, de modo independiente, sobre mi espiritualidad y estilo de vida. Ahora controlo mi vida» (Annabel, treinta y cuatro años).

- «Solía llorar durante días después de hablar con mi madre por teléfono. Siempre me daba mensajes sobre que nunca estaría del todo a la altura y yo me lo tomaba fatal. Ahora veo que no es una fuente fiable. Tiene algunos problemas graves, que siempre me ha cargado a mí. Sigo pensando que es muy triste y es una mierda, pero ya no cargo con ello» (Josette, treinta y nueve años).

Pasemos al siguiente capítulo, para poder centrarnos más en ti y en tus cualidades únicas como mujer de auténtico mérito.

12

Cómo llegar a ser la mujer que de verdad soy

HIJAS QUE SE LO MERECEN

«No es fácil encontrar la felicidad en nosotros mismos, y no es posible encontrarla en ningún otro lugar.»

Agnes Repplier
The Treasure Chest[1]

Después de años de que te coaccionaran para que fueras lo que tu madre quería —tanto si se trataba del aspecto que tenías y cómo actuabas como de tus creencias y valores—, ahora es el momento de que te centres en lo que quieres para ti misma. Ya no tienes que sucumbir a los intentos de tu madre de moldearte a su imagen. Nada de dejar tu crecimiento interno en suspenso, a fin de complacer a mamá. Se acabaron las sonrisas superficiales en esa preciosa carita.

Para hacer el divertido trabajo que aliento en este capítulo, quiero que abordes dos cuestiones serias.

- Cómo erigir y fortalecer a tu «madre interior».
- Cómo comprender y manejar «el colapso».[2]

Más abajo, tomaremos cada concepto por separado y hablaremos de las estrategias que necesitas para recuperarte.

La madre interior

Se comprende mejor a la madre interior si decimos que es tu propio instinto maternal. Es la voz intuitiva que te habla y quiere nutrirte, amarte y mimarte. Mientras que en el pasado tuviste que abandonar la idea de que tu madre exterior podía darte lo que necesitabas, ahora puedes tener una madre interior a tu disposición. Hará que te sea posible cuidar de ti misma.

Muchas hijas se entristecen y enfurecen la primera vez que se enfrentan a la idea de cuidar de sí mismas/hacer de madres de ellas mismas, pero cuando comprenden y aceptan estos sentimientos, a través de ellos llegan a sentir una fuerza y un poder internos.

Para crear a la madre interior, primero debes darle permiso para estar ahí. Permites que su voz bondadosa y maternal resuene en tu interior. Te permites oírla. Para empezar, buscas un lugar tranquilo y bonito, donde puedas disfrutar de soledad. Puede ser la bañera, tu terraza, el despacho o dando un paseo. Cualquier cosa que te vaya bien. Trata de crear un ambiente en el que no te interrumpan. Después de que lo hagas varias veces, podrás hacerlo en cualquier sitio, incluso con interrupciones. Pero empieza con un silencio total y céntrate en ti misma. Lleva contigo tu diario, un cuaderno y un lápiz.

Tu primera tarea es hacer lo que yo llamo la lista de «yo soy». Para hacerlo, es importante que permitas que tu madre interior te haga partícipe de tus muchas e increíbles virtudes y cualidades y las examine. Anótalas de una forma parecida a estos ejemplos:

«Soy fuerte, soy inteligente, soy sensata, soy afectuosa, soy amable, soy empática, soy trabajadora, estoy llena de energía, soy productiva, soy sensible, soy sincera, soy una persona íntegra, tengo talento, soy generosa, soy responsable, soy espiritual, soy bella por dentro y por fuera, soy sana.»

Tu siguiente tarea es apartar mensajes negativos como «No tengo ningún rasgo bueno». En tu corazón sabes que los tienes. Si le das permiso, tu madre interior te ayudará a validar y verificar a tu *yo* positivo, que está esperando ahí mismo. Si las ideas negativas persisten, es una señal de alerta que te dice que tienes duelos y traumas adicionales que procesar y que debes volver a los primeros pasos. Como hemos dicho antes, los mensajes reafirmantes no se «enganchan», a menos que hayas hecho el duelo debido.

Tu lista de «yo soy» es el punto de partida con tu madre interior. Practica estar con ella. Habla con ella a menudo y deja que te consuele. Con frecuencia, le digo a mis clientas que, llegadas a este punto, se traten como tratarían a una niña de dos años. Sé tierna, cariñosa, comprensiva y dulce. Te lo mereces. Cuando no sepas qué hacer, pregúntate cómo trataría tu yo maternal a una niña que se enfrenta a esta misma emoción o lucha y luego hazlo. Cuando pienso en niños de dos años, imagino que los cojo en mis brazos y les doy un montón de amor y atención. Apuesto a que tu instinto maternal es parecido.

Según practiques tu consulta con tu madre interior, ella empezará a crecer y fortalecerse. Sentirás cómo se forma un comité de «mí, yo misma y yo». La madre interior encabeza esta asociación. He descubierto que los momentos idóneos para practicar y fortalecer a la madre interior están en esas situaciones en las que quieres tender la mano en busca de ayuda y consejo de alguien, porque no sabes qué hacer. Es el momento de ir a tu interior y buscar respuestas intuitivas y consuelo del comité materno. Cuanto más consultes con ella, más fuerte y más segura de ti misma estarás. Esta madre no te abandonará nunca.

Necesitarás a tu madre interior especialmente cuando experimentes lo que se llama «el colapso».

El colapso

En el auténtico narcisismo, el narcisista suele experimentar algo llamado «herida narcisista». Según el *Manual diagnóstico y estadístico de los trastornos mentales* (DSM, por sus siglas en inglés):

> La vulnerabilidad en la autoestima hace que los individuos con un trastorno narcisista de la personalidad sean muy sensibles a las «heridas» causadas por las críticas o las derrotas. Aunque quizá no lo muestren exteriormente, las críticas pueden obsesionarlos y hacer que se sientan humillados, degradados, hundidos y vacíos. Es posible que reaccionen con desdén, cólera o con un contraataque desafiante.[3]

A los individuos narcisistas que yo he conocido con este tipo de reacción herida les cuesta mucho tiempo superarlo; guardan rencor, quieren desquitarse de la persona que perciben que les hizo daño; buscan vengarse, tratan de causar problemas a su atacante y parece que nunca olvidan ni perdonan. La mayoría de hijas con madres narcisistas con quienes he trabajado experimentan una dolencia parecida, aunque en un grado mucho menor, que se llama «el colapso». Sienten como si acabaran de pinchar el globo de su autoestima y todo el aire hubiera escapado y necesitan un poco de tiempo para volver a estabilizar y rellenar el globo. Es diferente de la herida del narcisista, porque no dura mucho y la hija es capaz de perdonar y olvidar, y no se siente perseguida ni humillada durante mucho tiempo. Tampoco suele buscar venganza, ni desquitarse, ni quiere hacer daño. El colapso de la hija es debido a su sensibilidad interna causada porque, de niña, de adolescente y de adulta, su madre narcisista la insultó y la invalidó. Cuando esto sucede durante la recuperación, es como si se pusiera en marcha una regresión pasajera, de vuelta a la infancia; los viejos recuerdos hacen que la actual situación parezca mucho mayor de lo que es realmente. Este «efecto dominó» lleva a sentir un «colapso» interno, el cual también se describe como el resultado de un trastorno de estrés postraumático (TEPT). El DSM lo explica con más detalle:

> El suceso traumático se vuelve a experimentar de modo persistente en una o más de las maneras siguientes […]: intensa angustia psicológica al verse expuesto a señales internas o externas que simbolizan o se parecen a un aspecto del suceso traumático, y […] reactividad fisiológica al verse expuesto a señales internas o externas que simbolizan o se parecen a un aspecto del suceso traumático.[4]

Esto significa que la hija sufrirá el colapso cuando algo le recuerde las heridas de su primera infancia. En este momento, se sentirá muy tentada de buscar la validación externa, le pedirá a alguien que mejore las cosas para ella y puede actuar como si estuviera necesitada. Puedes manejar esto de una manera diferente —sin actuar como si estuvieras necesitada— acudiendo a tu madre interior en busca de apoyo y consuelo.

Sin nombrarlo, las hijas describen con frecuencia «el colapso». Como me dijo Felicity:

- «Recientemente, estaba en casa con un invitado que me dijo que había pedido a una de sus empleadas que pasara por mi casa para recoger un cheque. Pensé que era un poco extraño, pero me pareció bien. La empleada vino, la invité a entrar y le ofrecí algo de beber mientras charlábamos unos momentos. Nunca nos habíamos visto antes. Cuando se fue, después de sólo unos diez minutos, la acompañé a la puerta y le dije que había sido un placer conocerla. Ella respondió diciendo: "También ha sido un placer por mi parte, aunque tienes problemas". Me quedé de piedra por este comentario tan inapropiado por parte de alguien que ni siquiera me conocía. Supe, instintivamente, que era algo que le pasaba a ella, pero a pesar de todo fue como un puñetazo en el estómago, una sensación que duró todo el maldito día. ¿Por qué, doctora McBride, permití que el comentario inapropiado de una desconocida me molestara tanto?»

Como si volviera al pasado con su madre, Felicity recordó los años en que había tratado de ser muy buena y agradable, de hacer las cosas bien y ser amable y educada y luego, al final, la eliminaban por no ser nunca lo bastante buena. Este efecto dominó o colapso retrotrajo a Felicity a sus antiguas heridas, pero lo resolvió hablándome de ello a mí, su terapeuta y amiga. En este caso, buscó la validación externa, pero con el tiempo aprendió a manejar, por sí misma, otras situaciones parecidas, y esto hizo que se recuperara.

Ahora que eres consciente de qué es el colapso, estarás mejor preparada para enfrentarte a él cuando te pase a ti. Durante la próxima semana, observa tus reacciones; recoge cuántas veces sufres un colapso. Tu creciente consciencia te dará una fuerza cada vez mayor. Estás a cargo de ti misma.

Kristal describe otro ejemplo de un momento de colapso:

- «Pasé por casa de una amiga para ver si podía hacerme de canguro durante un par de horas, mientras yo hacía unos recados. Lo hacemos mutuamente con frecuencia, y a las dos nos va bien. No obstante, ese día en particular, mi amiga, Beth, me preguntó cuánto tiempo tardaría porque tenía que hacer la colada. Eso fue todo. Sólo fijó unos límites e hizo una sencilla pregunta, pero yo lo interpreté, de inmediato, como si diera a entender que yo era una carga para ella y que no quería ayudarme.»

Beth tenía buenos límites, pero lo que preguntó, sin ser nada inapropiado, disparó en Kristal el sentimiento de que fue una carga para su madre, y experimentó una fuerte reacción que le duró varios días.

El colapso puede causar otro problema, como lo describe Joanie, de treinta y seis años.

- «Estábamos en una barbacoa familiar y yo discutía con mi hermano. Lo hacemos con frecuencia, pero ese día me dijo que había engordado mucho y que tenía un trasero enorme. Siempre me pincha diciendo que trato de parecerme a Jennifer Lopez, en alusión a un cuerpo y un trasero con un aspecto grandioso. Pero hoy se limitó a decir: "¡Enorme!" Me dolió. Fui a hablar con mi hermana y me quejé, y ella dijo: "¿Por qué dejas que te moleste? Es sólo un crío, además ¿qué te importa lo que alguien diga de tu trasero? Supéralo". Entonces no sólo me sentí herida por mi hermano, sino que me puse furiosa contra mi hermana por no apoyarme ni compadecerme. Sin embargo, lo que más me molesta es que pensé en ello durante una semana; me recordaba muchas de las constantes críticas e insultos de mi madre respecto a mi peso, mientras crecía.»

La experiencia de Joanie con su colapso de una semana es interesante. Primero estaba *herida* y después *furiosa* porque no la rescataban de su dolor. Podría haber trabajado sobre esto y acortado su sufrimiento si hubiera fortalecido su madre interior y acudido a ella, que podría haberla consolado de inmediato. En cambio, sólo recibió la validación que necesitaba para sus sentimientos cuando vino a terapia, una semana después. De nuevo, es bueno conseguir apoyo y todos lo necesitamos en ocasiones, pero te puedes ahorrar una semana sintiéndote mal construyendo tu confianza en ti misma, en tu madre interior.

La sensible

Con frecuencia, las hijas de madres neuróticas son consideradas «las sensibles» de la familia y constantemente se les dice que tienen unas reacciones exageradas ante las cosas que otros dicen o hacen. Las hijas de madres narcisistas tienen que trabajar para liberarse de estas ataduras con su pasado. Te sentirás más normal y menos furiosa cuando comprendas que cualquier colapso temporal es una reacción normal a un desencadenante originado en tu historia. Cuando puedas identificarlo y comprenderlo, también podrás trabajar para aliviarlo e impedir que se repita. De lo contrario, quizá tiendas a machacarte por dejar que las cosas te molesten y aceptes el viejo guión de que «eres la sensible».

- Deadra, de treinta y cinco años, me dice: «En mi familia, no se permitían, generalmente, los sentimientos, así que cuando yo sentía algo y quería expresarlo, me decían que era demasiado sensible. Eso solía hacerme callar, pero no sabía qué hacer con los sentimientos que quedaban dentro de mí».

- Melodie, de cuarenta y dos años, dice: «Estoy harta de que me digan que soy muy susceptible. Mi madre me lo decía cuando yo mostraba aunque sólo fuera un pequeño sentimiento. Sé que es porque ella no podía hacer frente a mis sentimientos y, por eso, no los permitía. Ahora, cuando mi esposo o mis hijos me lo dicen, querría darles un buen coscorrón. Quiero ser real y tener los sentimientos que tengo y dejar de preocuparme por ello».

Ahora que comprendes por qué tienes que fortalecer a la madre interior y reconocer que corres el riesgo de sufrir colapsos emocionales periódicos, estás preparada para empezar a reinventarte. Después del doloroso trabajo de los capítulos anteriores, el resto de éste debería ser divertido y entretenido. Para los ejercicios que siguen, sólo necesitas tu propia aprobación y la de tu madre interior, que siempre está de tu parte, pase lo que pase. Empecemos, para que puedas descubrir tus pasiones y preferencias, que quizás hayas mantenido en secreto hasta ahora, cuando «todo tenía que ver con mamá». Te harás preguntas como:

- ¿Qué es lo que más valoro?
- ¿Qué me hace feliz?
- ¿Qué me hace sentir más profundamente realizada?
- ¿Cuáles son mis pasiones y mis cualidades?

¿Quién soy realmente?

Como las hijas de madres narcisistas se han visto obligadas a desempeñar los cometidos de apoyo exigidos por su madre y el sistema de una familia narcisista, no es raro que digan que no saben realmente quiénes son ni qué les gusta. Se han acostumbrado a hacer cosas para los demás, sin centrarse en sí mismas de un modo saludable. Como dice Mei: «El mensaje que he recibido de mi madre es que me querrá si hago lo que ella cree que debo hacer. Así que intento ser yo, pero no sé quién soy».

Para empezar el proceso de descubrimiento, es importante conocer lo esencial de lo que te gusta y de lo que crees. Para hacerlo, te voy a proponer dos ejercicios para ponerte en marcha.

Collage de la mujer real

Aunque no es nuevo ni innovador, este ejercicio es útil para las mujeres que empiezan a pensar en sí mismas de un modo diferente. Para hacerlo, hazte con un cartón o un trozo de cartulina y varias revistas femeninas. Pasa las hojas de las revistas hasta encontrar fotos de mujeres que, para ti, representen la condición de mujer. Presta atención a lo que eliges: ¿las imágenes representan lo que realmente deseas o lo que tu madre o alguien cree que deberías ser? Recorta sólo las imágenes o fotos que representen lo que tú crees que son símbolos de una feminidad adulta y positiva, representaciones de quién eres y quién quieres ser cuando te permitas dejarte ver. Cuando hayas encontrado las imágenes que concuerdan contigo, haz un *collage* con ellas sobre el cartón. Guarda este *collage* para recordarte adónde vas con tu recreación o descubrimiento de ti misma.

¿Cuáles son mis valores?

Este ejercicio te ayuda a recordarte en qué crees y a determinar qué te gusta. Harás una lista de opiniones sobre tus deseos y preferencias. Te doy mi lista inicial y puedes aumentarla conforme se te ocurran convicciones en las cuales quieras centrarte. Las categorías serán una combinación de cosas sencillas, al parecer sin importancia, y filosofías de la vida, inmensas y significativas. En cada categoría, tu tarea es anotar cuál es tu estilo, preferencia o creencia.

- Educación: tus opiniones y filosofía de la enseñanza para ti misma y para tu familia.
- Política: tus opiniones políticas.
- Religión: tus creencias religiosas o espirituales.
- Sistema de opiniones para la crianza de los hijos: ¿cómo quieres criar a tus hijos y cuáles son tus prioridades como madre?

- Relaciones amorosas: ¿cuáles son las cosas más importantes para ti en una relación amorosa?
- Hombres: ¿quién es el hombre ideal para ti; ¿qué características tiene?
- Amigos: ¿qué clase de amigos te atraen?
- Películas: ¿qué clase de películas te gustan más?
- Libros: ¿qué clase de libros son tus favoritos?
- Joyas: ¿cuál es tu estilo en joyas?
- Moda: ¿cuál es tu estilo en ropa?
- Coches: si pudieras comprarte cualquier coche que quisieras, ¿qué dos elegirías?
- Arquitectura y estilo de vivienda: ¿qué clase de arquitectura te gusta?
- Mobiliario: ¿qué tipos de muebles son tus favoritos?
- Piedras preciosas o semipreciosas: tus piedras favoritas.
- Tiempo: tu tiempo favorito.
- Geografía: tu paisaje favorito.
- Estación: ¿cuál de las cuatro estaciones prefieres y por qué?
- Música para escuchar: ¿qué clase de música te gusta escuchar por puro placer?
- Música para bailar: ¿qué música prefieres para bailar?
- Actividades para el tiempo libre: ¿qué actividad de ocio prefieres?
- Diversión para pasártelo en grande: ¿qué actividad te encanta y te aporta un puro placer?
- Ejercicio: tu ejercicio favorito.
- Programa de televisión: ¿qué te gusta ver por televisión?
- Comida: tus alimentos favoritos para cocinar y comer.
- Restaurante: cuando comes fuera, ¿dónde te gusta más ir?
- Lugar para ir de compras: ¿cuál es el sitio que más te gusta para ir de compras?
- Vacaciones: tus vacaciones ideales.

- Deportes para practicar: si practicas algún deporte, ¿cuál te gusta más?
- Deportes para ver: si ves deportes, ¿cuál es tu preferido?
- Color: ¿cuál es tu color favorito en ropa y en decoración?
- Tejidos: ¿cuál es tu tejido favorito en ropa y en decoración?
- Flores: tus flores preferidas.
- Conversación: tu clase favorita de conversación; ¿sobre qué y con quién?
- Grupo de edad favorito: ¿con qué grupo de edad te gusta más salir?

Añade más sobre la marcha. El propósito es escribir y pensar sobre ti misma por medio de tus pensamientos, deseos, preferencias, opiniones y valores. Raramente nos tomamos el tiempo de parar y hacernos esta clase de preguntas y te sorprenderás de cuánto «yo» tienes ya y de lo mucho que sabes realmente de ti misma.

Si fuera lo bastante buena

El siguiente ejercicio puede ser muy útil si le dedicas algo de tiempo y piensas cuidadosamente en él. Al principio de una página de tu diario, escribe el título «Si fuera lo bastante buena». Luego anota las cosas que harías si te sintieras lo bastante buena en este mismo momento. «Si fuera lo bastante buena…» Continúa hasta que hayas escrito por lo menos diez cosas. Siempre me sorprendo cuando lo hago, ya que descubro que es algo que puede cambiar de año en año. También es un medio útil para demostrar que has vencido a los viejos mensajes internos negativos y que ya no controlan tus decisiones.

Después de hacer este ejercicio, léeselo a alguien que te quiera y observa cuál es su reacción. Permite que tu madre interior lo digiera también. Luego empieza a hacer las cosas de la lista.

Buscar tus intereses en un ejercicio de memoria

Me preocupa que cuando les pregunto a las mujeres qué les interesa, me digan que no lo saben. Si éste es tu caso, quiero que te tomes un poco de tiempo para pensar tranquilamente en qué te gustaba hacer cuando eras pequeña. ¿Con qué jugabas? A veces, se puede coger una actividad de la infancia y transferirla a una actividad de adulta que encaja perfectamente en tus intereses actuales. Por ejemplo, cuando yo lo hice recordé que antes de cumplir los siete años, vivíamos en el campo y montaba ponis de Shetland. Adoraba los caballos y el campo, pero además me recordaban los bailes y la música *country* y me entregué a esas actividades de nuevo. Ahora son dos de mis pasatiempos favoritos. También me gustaba jugar con muñecas recortables, lo cual se ha traducido en mi gusto por la ropa y la moda hoy. Prueba con este ejercicio de recuerdos y a ver qué se te ocurre.

Quizá seas consciente de qué intereses tienes, pero no te permites el tiempo para explorarlos o divertirte. Para entrar en contacto con tu yo real, tienes que involucrar a tu lado infantil para reír y pasarlo bien de verdad. Deja de negar esta parte fundamental tuya. Descubre cuál es en tu caso. Permítete tanto el disfrute de tu tiempo libre como la clase de diversión que yo llamo «pasárselo en grande». Un ejemplo de cada una de estas dos actividades diferentes sería, para mí, asistir a un musical espectacular, que me resultaría muy agradable, frente a bailar mi música favorita con un bailarín estupendo, que haría que me lo «pasara en grande». Puede que te guste escalar montañas, durante tres días, lejos de todo, pero que tu amiga prefiera un tipo de vacación más de Ritz-Carlton. Averigua qué constituye placer y disfrute para ti, y qué es una diversión desmadrada, para partirte de risa.

Cuando averigües cuáles son tus intereses específicos, establece un programa para incluirlos en tu vida. Puede que, de repente, empieces a tomar lecciones de piano y clases de baile o de esquí.

Una clienta mía empezó, recientemente, a aprender la danza del vientre y le entusiasma; es un ejercicio estupendo y se ríe y se lo pasa de maravilla. Y a su marido también le gusta, cuando ella tiene que practicar en casa. Quizá descubras que quieres explorar algunas cosas nuevas, pero no tienes a nadie con quien hacerlo. Si ése es el caso, es importante obligarte a hacerlas sola. Ir al cine, bailar, ir de excursión, caminar —lo que sea—, hazlo sola. El tiempo que pases contigo misma es importante para mejorar tu comprensión y tu confianza en ti misma. Esos momentos sola pueden parecerte un lujo, pero te aseguro que el tiempo dedicado a tus propios intereses es muy importante para tu recuperación.

Tu edad no debería ser nunca una limitación. Trabajo con varias mujeres de cincuenta, sesenta y setenta años que están justo ahora empezando a hacer cosas que siempre habían querido hacer y descubriendo que les aportan una gran alegría.

Lleva una lista de los auténticos intereses que descubras en tu diario de recuperación. Es útil volver a ellos y recibir aliento de este aspecto de tu recuperación cada vez que descubras que también tienes que emprender algún proceso doloroso. La recuperación puede tener un lado divertido —de hecho, debe tenerlo—, así que asegúrate de incluir esta parte. Ser agradable contigo misma es un don que tú y tu madre interior podéis ofrecerte de forma regular y fiable, como nadie más puede hacerlo. ¡Date permiso! No te permitas quedar atrapada en la creencia de que cuidar de ti misma y disfrutar es egoísta. Por el contrario, es una parte vital y necesaria de tu recuperación.

¿Qué tal si hablamos del egoísmo?

A muchas hijas en recuperación sus madres y nuestra cultura patriarcal les han enseñado que centrarse en sus propias necesidades es egoísta. Las mujeres son las principales «cuidadoras» de otros y se les pide que estén en disposición de dar en todo momento. Y las hijas de madres narcisistas han sido tratadas, además, como si no fueran dignas de recibir tiernos cuidados. Pero, recuerda, no puedes dar lo que no tienes. Las personas que se sienten realizadas desbordan de amor y energía y, por lo tanto, pueden darse libremente a otros sin acabar exhaustas. Sus propias reservas están llenas y cargadas, y tienen energía de sobra. Si tu espíritu y energía están crónicamente agotados, si eres desdichada y estás insatisfecha, te resultará difícil cuidar de otros. Thomas J. Leonard, entrenador personal y fundador de Coach University, lo ha dicho muy bien:

> La creatividad y la excelencia requieren egoísmo. Igual que la evolución. Cuando sabes que vas tras algo —un posible avance del tipo que sea—, necesitas la clase de focalización y concentración más pura posible. Necesitas responder a los llamados de tu corazón y tu mente antes que a los de la tribu. Necesitas aceptar que un nivel de egoísmo razonable y responsable acumula beneficios a largo plazo para todos los que te importan.[5]

Salud física

Aunque no soy doctora en medicina, este capítulo no estaría completo sin mencionar la importancia de tu salud física. Como algunas hijas corren el riesgo de sabotearse y dedicarse a conductas autodestructivas, quiero que aceptes sin ninguna reserva que cuidar tu salud es obligatorio. Una recuperación y una salud mental completas no son posibles sin el bienestar físico. Anotaré sólo campos de salud generales para asegurarme de que los incluyes en tu plan de recuperación. Si no atiendes a uno o más de los puntos de la lista que hay más abajo, pregúntate por qué y averigua cuál es la barrera, a fin de que puedas superarla. Si tienes dificultades con algo como una adicción, busca un programa de recuperación adicional para recibir la ayuda que necesitas. He compilado la siguiente lista después de consultar con James Gregory, médico de familia.[6]

- Hazte un examen físico completo que incluya un historial minucioso y establece un plan de salud individual, con pruebas generales relacionadas con lo que requiere tu edad. Algunos ejemplos son una colonoscopia después de los cincuenta años y una prueba de densidad ósea después de los sesenta.
- Toma una dieta nutritiva y equilibrada.
- Bebe mucha agua (un litro y medio al día, en vasos de un cuarto de litro).
- Haz ejercicio regularmente, durante treinta minutos por lo menos, tres veces o más a la semana. Incluye ejercicios de resistencia (levantar pesas) para conservar la densidad ósea y ejercicios aeróbicos para la salud en general.
- Haz exámenes dentales de forma regular y limpiezas dos veces al año.
- Consigue el sueño adecuado por la noche. La cantidad de sueño varía con las necesidades individuales, pero la mayoría de médicos recomiendan siete u ocho horas cada noche. Si estás cansada, significa que necesitas más. Si tienes buena energía a lo largo de todo el día, probablemente duermes lo suficiente.
- Haz frente a los problemas de un exceso de consumo. Comer demasiado, fumar, consumir drogas y beber alcohol en exceso van, claro, en detrimento de la salud a largo plazo.

Búsqueda de talento

El siguiente campo que tienes que evaluar es tu talento. Todos nacemos con algún talento innato. Es tarea tuya averiguar cuál es ese talento y ejercerlo si lo deseas. He hablado con muchas hijas de madres narcisistas que tienen un enorme talento en algún campo, pero que nunca lo han puesto en práctica porque no creen en sí mismas. Algunas hijas son muy conscientes de sus cualidades porque su madre las empujó como si fueran madres del mundo del espectáculo, pero ahora están quemadas y no usan lo que saben y pueden hacer. A otras nunca las alentaron.

Si tienes un don especial y quieres usarlo, ejercerlo y probarlo de nuevo, hazlo. Trabaja en hacer el duelo y sanar cualquier recuerdo relacionado con tu madre que te impida trabajar en tu talento, reconectar con él, recuperarlo. La vida es corta y te dieron ciertas aptitudes por alguna razón. No tienes que ser una superestrella. Lo que hagas, sea lo que sea, será lo bastante bueno. Este ejercicio no está pensado para nadie más. ¡Es para ti! Una hija con la que trabajé, una pintora de talento, no quería pintar y vender o poner en marcha su propia galería, pero sí que quería usar su talento. Acabó trabajando de forma voluntaria dando clases de arte en la escuela de su barrio, y le encantaba. Otra hija tiene una bella voz de cantante y empezó a cantar en el coro de la iglesia. Puedes ser muy creativa en la forma en que usas tu talento. Permite que tu yo completo se ponga en funcionamiento ya.

Satisface tus pasiones

No todo el mundo tiene una pasión, pero si tú la tienes no dejes que pase la vida sin probar, por lo menos, lo que sea que te aporte un profundo entusiasmo y propósito. Debes explorar las cosas que conmueven tu espíritu. No tienes por qué ser la mejor en nada. Puedes esforzarte por serlo si decides hacerlo, pero se trata de tu elección. Eres lo bastante buena para tratar de hacer lo que quieras. Tú conduces el autobús que recorre tu propia vida.

Mi pasión es el baile. He tenido escarceos con él durante años y bailo siempre que puedo. Cuando acabe de escribir este libro, pienso explorar todos los campos del baile que pueda. Esta pasión hará que llegue a la jubilación haciendo algo que me entusiasma. Lo mismo espero para ti.

Siéntate ahora delante de tu diario y escribe sobre cualquier cosa que te aporte vida y entusiasmo. ¿Cuáles son tu interés y tu deseo personales más profundos? Ponte en contacto con una pasión, aunque creas que no tienes ninguna. Esa pasión puede ser algo de trascendencia social, algo que ayude a otros, o algo que sea sólo para ti (algo que te guste coleccionar, leer, cocinar o rastrear; coser, hacer un álbum de recortes, hacer colchas, escalar montañas, ir de excursión..., lo que sea).

Espero que haciendo los ejercicios ofrecidos en este capítulo, estés más cerca de responder a las importantes preguntas con que empezábamos:

- ¿Qué es lo que más valoro?
- ¿Qué me hace feliz?
- ¿Qué me hace sentir más profundamente realizada?
- ¿Cuáles son mis pasiones y mis talentos?

Has aprendido a fortalecer a tu madre interior para construir tu autoconfianza y llegar a ser más autosuficiente. Ahora sabes cómo hacer frente al «colapso» y dejar atrás estos contratiempos. Espero que te sientas más positiva respecto a ti misma y puedas hacer eco a Amy, que dice:

- «Mi experiencia y mi carácter son mis dones. Ahora soy alguien peculiar, pero una persona muy positiva. Mi vida es decisión mía y acepto la responsabilidad de mis actos.»

Mi clienta Bonnie dijo:

- «Antes no podía quererme; había una dicotomía entre lo que sabía y lo que sentía. Ahora puedo sentir ese amor por mí misma y soy una mujer libre, por fin.»

También tú has conseguido la habilidad que necesitas para construir tu fuerza interna. Ahora entramos en el proceso de abordar tu relación con tu madre real de una manera nueva y saludable.

13

Mi turno

TRATAR CON LA MADRE
DURANTE LA RECUPERACIÓN

«Puede que sus madres lleven mucho tiempo muertas o tengan el pelo blanco y estén enfermas, pero siguen teniendo un profundo dominio sobre las hijas, que hablan de ellas como si estuvieran a punto de enviarlas castigadas a su habitación. ¿Cómo es posible este reino del terror por parte de unas ancianas?»

Victoria Secunda,
When You and Your Mother Can't Be Friends[1]

Te has ganado el derecho a estar orgullosa de ti misma por muchas razones y la menor de ellas no es todo el trabajo de autocuración que has realizado. Veamos ahora qué hacer respecto a tu madre, si sigue viva y, de alguna manera, es parte de tu vida. Tú has cambiado; ella no. En este estadio de tu recuperación, debes explorar medios para manejar tu relación con ella y que tú sigas estando sana.

Aunque te sientas más fuerte y tengas un sentido del yo más sólido, es probable que abordes las decisiones sobre cómo vértelas con tu madre con nerviosismo. Quizá te estés preguntando lo siguiente: «¿Qué puedo decirle?», «¿Ella tiene arreglo?», «¿Cómo trato con ella?», «¿Debo seguir conectada con ella aunque me resulta difícil y doloroso en extremo?» Muchas hijas han probado diversas maneras de evitar la catástrofe que viven con sus narcisistas madres. Sin embargo, con frecuencia chocan con barreras, problemas y frustraciones.

- Virginia sigue intentándolo, aunque es ambivalente. Su actual estrategia es decirlo tal como lo ve. Al hacerlo, espera que las cosas mejoren. «Siempre me estoy peleando con ella. Soy mucho más contenciosa con ella de lo que nunca había sido antes. No me importa lo que dice. Ahora la critico más. La llamo embustera. Sigo teniendo esperanzas de que, quizá, pueda arreglarlo. Si le doy suficientes pruebas, tal vez pueda atravesar sus barreras. Tal vez, podría ayudarla. Tengo muchas dudas sobre cómo resultará.»

- Nakia no quiere cambiar la manera en que trata con su madre. «Me he estado enfrentando a esta situación casi toda mi vida, y ella nunca ha mejorado. No he buscado el "gran enfrentamiento", porque tiene ochenta y tres años y no quiero arruinar los años que le quedan. Nuestra limitada relación de los últimos quince años ha girado siempre en torno a ella; parece que es el único camino.»

- A Belva le queda poca energía para seguir teniendo esperanzas. «Siempre me está atormentando y le encanta exasperarme. Verme disminuida hace que se sienta feliz y poderosa. A mí me deja exhausta y vacía, y no creo que haya solución.»

- Teri recuerda: «A veces tengo tanto miedo de tener que hablar con ella por teléfono que tengo que mentalizarme para hacerlo. ¡Una copa de vino viene bien! Nunca sé qué va a decir. Verás, ¡es que esa mujer critica hasta a los árboles! Siempre es negativa».

En este capítulo, ofrezco ideas para manejar estas difíciles situaciones. Puede ser frustrante descubrir qué camino sano tomar con una madre narcisista. Es una lucha importante, que parece dejar a muchas hijas con sentimientos de impotencia, desesperanza y dolor. Así pues, ¿qué puedes hacer?

Las intratables

Si tu madre tiene un auténtico trastorno narcisista de la personalidad (NPD, sus siglas en inglés), las posibilidades de un tratamiento, o cambio, efectivo para ella son escasas. Aunque nunca diría que es imposible, exigiría un tratamiento comprometido, intensivo y duradero y, lo más importante, que ella deseara ser tratada. Es muy raro que una persona con un auténtico NPD acuda a terapia por su propia voluntad y quiera, de verdad, cambiar y crecer personalmente. Según mi experiencia, las clientas con NPD que llegan a terapia suelen estar buscando respuestas sobre cómo tratar con los demás. Si llegan a expresar el deseo de trabajar en ellas mismas, dejan la terapia al cabo de muy poco tiempo; normalmente me dicen que necesitan encontrar un terapeuta con un planteamiento diferente. Por lo general, a sus ojos, a mí, la terapeuta, me pasa algo.

Mi historia favorita es de hace unos cuantos años, cuando mis honorarios por sesión de terapia eran de cien dólares. Cuando estaba en mitad de mi explicación de lo que constituye una buena comunicación madre-hija, esta madre bastante agresiva empezó a rebuscar frenéticamente en su monedero. Sacó un billete de cien dólares junto con su encendedor y procedió a prenderle fuego al billete, diciendo: «¡Ésta es mi opinión de sus consejos terapéuticos!» No pude menos que echarme a reír. Menos mal que la hija y yo apagamos el fuego y pusimos fin rápidamente a aquella sesión madre-hija de triste memoria.

Cuantos más rasgos de tu madre encajen en el trastorno, menos probable es que sea candidata a un tratamiento con éxito. Esto significa que no podrás remediarla y que no deberías intentarlo. Dado que ella no va a cambiar, tal vez tendrías que preguntarte si deberías continuar o no en contacto con ella, en particular si su conducta te causa una angustia emocional importante.

Madres tóxicas

Tenemos que reconocer que una madre narcisista puede ser demasiado tóxica para estar cerca de ella. En muchas situaciones, las hijas tienen que decidir desconectarse por completo de su madre, porque la toxicidad daña su bienestar emocional. Aunque los demás quizá no lo comprendan, es una decisión que tienes que tomar por tu propia salud mental. Cherise dice: «He aprendido a sentir compasión por mi madre, sabiendo cómo fue su propia y dolorosa infancia, pero hoy he decidido no vincularme a ella».

Mandy dice: «Hace unos seis meses, hice mi último intento de llegar a mi madre emocionalmente y no lo conseguí. Lo lamento, porque creo en el orden natural de las relaciones, y habría sido bonito tener una relación madre-hija, pero no ha de ser y lo he aceptado».

«No hablé con mi madre durante los diez últimos años de su vida —dice Antoinette, de sesenta años—. Sencillamente, ya no podía seguir haciéndolo. Había pasado muchos años tratando de hacer que me quisiera y que todo estuviera bien. Era triste. Cuando ella murió, lo supe por el *sheriff*. Fuimos a vaciar la casa y encontramos una nota en el tablero donde decía que nos había perdonado por ser tan horribles con ella. Me enviaron sus cenizas y las puse en el coche. Ni siquiera pude meterlas en casa. Vendí el coche y me olvidé de sacar las cenizas. Fue un poco extraño llamar a aquella gente y decirles que destruyeran las cenizas que había dejado en el coche. La gente siempre se escandaliza de que no pudiera solucionar las cosas con ella, pero es que, de verdad, no comprenden cómo era mi madre.»

Este ejemplo triste y extremo es más corriente de lo que se podría pensar. He conocido hijas que sintieron un alivio tremendo cuando sus narcisistas madres murieron. Se sintieron liberadas de una enorme carga, pero se sentían culpables por reconocerlo.

Si realmente es imposible cambiar a tu madre y te maltrata constantemente, es importante saber que desconectarte de ella puede ser sano. No obstante, cuando decidas dar este paso, asegúrate de que has completado tu propio trabajo de recuperación. Si te limitas a despegarte y apartarte de tu madre, sin hacer tu propio trabajo, no disminuirás tu dolor y tu auténtico yo no podrá emerger a la paz que deseas. Como nos recuerda el doctor Murray Bowen, en *La terapia familiar en la práctica clínica*: «Las tensiones emocionales mueven de un lado para otro, como si fueran títeres, a las personas menos diferenciadas. Las personas mejor diferenciadas son menos vulnerables a la tensión».[2]

Por suerte, no todas las madres con rasgos narcisistas son causas perdidas. Hay hijas que deciden seguir en la relación con una madre más moldeable y crear una clase diferente de relación. Yo la llamo «la relación civilizada».

La relación civilizada

En esta relación, las hijas de madres narcisistas cambian la dinámica de sus interacciones con la madre reduciendo el contacto con ella. Cuando están en contacto, hacen que la situación sea ligera, civilizada y cortés, pero no se esfuerzan para que sea estrecha emocionalmente. Es una buena opción para las hijas que no quieren renunciar totalmente a su madre, pero han aceptado que ésta es incapaz de actuar como una auténtica madre.

La hija está en contacto con su madre sin esperar nada y, en consecuencia, sufre menos decepciones. Este arreglo da mejor resultado una vez que has completado el trabajo de recuperación, que garantiza que has aceptado las limitaciones de tu madre y te has separado de ella adecuadamente. Si no se ha producido esa separación, corres el riesgo de verte engullida de nuevo por la dinámica de la familia narcisista. Como decíamos en el capítulo 11, tu objetivo al separarte es poder ser «una parte de y aparte de» tu madre y tu familia de origen. Esto significa que has trazado unos límites firmes a tu alrededor. Para algunas hijas que están en mitad de la recuperación, pero todavía no se sienten lo bastante fuertes para estar cerca de su madre, recomiendo una separación temporal.

La separación temporal

Aunque tu madre no se sentirá feliz con esta situación, a ti puede resultarte muy útil hacer un paréntesis en tu relación con ella, durante un tiempo, mientras realizas tu trabajo de recuperación. Esto te da tiempo para sanar y resolver tus sentimientos, sin que la conducta de tu madre te provoque constantemente. No hay nada malo en decirle a tu madre que estás luchando con algunos de tus problemas y que necesitas algo de espacio personal durante un tiempo. Puedes decirle que te pondrás en contacto con ella si hay una urgencia que sea necesario que conozca y pídele que ella haga lo mismo. No tiene por qué gustarle. Puede que le dé un ataque. Pero no pasa nada; tú lo dices y luego lo haces. Si no te deja en paz, tendrás que aprender a fijarle límites, algo de lo que hablaremos más abajo.

Eres tú quien está a cargo de tu vida, no tu madre. Puede que ella aumente sus exigencias, por así decir, y trate de manipularte, como describen las mujeres de las historias que hay más abajo, pero tu tarea es mantenerte firme. Te juegas tu recuperación.

- Michaela, de cuarenta y seis años: «De vez en cuando, me he distanciado de mi madre, pero ella encuentra maneras de manipularme para que la ayude con cosas que tiene que hacer. Esto me irrita a más no poder. Si yo no le devuelvo una llamada, me llama ella, una y otra vez, como una acosadora».

- Y Mira, de treinta y ocho años, cuenta lo siguiente, llena de tristeza: «Hace unos dos años me di cuenta del narcisismo y comprendí, después de toda una vida de insultos, que es ella la que tiene el problema. Desde entonces, he sido educada, pero he limitado el tiempo que pasamos juntas y he fijado ciertas separaciones y límites muy esperados. Desde entonces, ha actuado incluso peor; parece darse cuenta de que ya no me puede controlar. Todo esto me da ganas de vomitar».

Es preciso que sepas cómo establecer límites con tu madre, cómo hacer que se mantengan firmes y cómo seguir adelante.

Establecer límites con tu madre

Fijar unos límites significa dejar claro lo que harás y lo que no harás. Es hacer saber a los demás cuál es tu posición y trazar la raya que no les está permitido cruzar. Significa fijar una línea divisoria. En general, muchas personas tienen miedo de hacerlo porque les preocupan los sentimientos de los demás. «Si establezco límites, heriré los sentimientos de mi madre.» Las hijas también tienen ese temor porque su madre se enfadará. «Si le dijera que no voy a ir a cenar porque necesito descansar y cuidarme, se pondría furiosa.»

Una razón muy común de que las hijas no fijen unos límites claros con su madre es que temen el abandono. «Si le digo que dé un paso atrás, nunca volverá a hablarme, y no quiero perderla por completo. La he visto cortar con otras personas, y es para siempre. Podría hacer lo mismo conmigo.»

Los narcisistas suelen cortar con alguien y salir de su vida debido a su superficial estilo emocional que les hace ver a los demás como buenos o malos. Para ellos todo es blanco o negro. Si has visto que tu madre lo hacía, tu miedo al abandono es muy real. Pero debes calibrarlo en términos realistas. Si ya te ha abandonado emocionalmente, la verdad es que no tiene el poder de hacer mucho más que pueda provocar una devastación igual o parecida.

Janelle, de treinta y seis años, explica por qué no puede fijar límites con su madre: «Se pondrá furiosa, no me perdonará nunca, volverá a toda la familia en mi contra y luego me borrará de su testamento. Necesito el dinero de la herencia y mis hijos también lo merecen». Es una decisión que sólo puedes tomar tú, pero piensa que tu propia cordura y tu salud mental tienen un valor más alto que el dinero que puedes o no recibir en el testamento de tu madre. Aprender a fijar tus límites es una manera de administrar tu vida, tu tiempo y tu salud. Es necesario para tener una vida sana.

Así pues, digamos que ya has establecido unos límites con tu madre y le has dicho que no la verás durante un tiempo porque necesitas centrarte en algunos de tus problemas terapéuticos. Lo has hecho diciéndole: «Mamá, estoy trabajando en algunas cuestiones personales y necesito decirte que no estaré disponible para nuestras cenas de los domingos durante un tiempo. Necesito espacio y no te llamaré por teléfono. Cuando acabe, te lo diré. No quiero que me llames durante este tiempo, a menos que sea una emergencia de verdad. No estoy enfadada y esto no tiene nada que ver contigo. Se trata de lo que yo necesito en estos momentos».

Es posible que tu madre te pregunte, muy lógicamente, si todo va bien, y puedes decirle que estás bien y garantizarle de nuevo que no estás disgustada con ella. Si de verdad es narcisista, dará por sentado que tiene que ver con ella, así que sé que ahora estás pensando: «¡Oh, no, eso no funcionará!» Pero funcionará si sigues adelante. Puede tratar de manipularte, llamarte, incluso pasar a verte. Tu trabajo es seguir marcando los límites, no respondiendo una vez que le has dicho lo anterior. Llama a la puerta y tú no contestas. Te llama por teléfono y no contestas. Te acosa y le dices de nuevo en tono firme que hablas en serio. La manera en que ella decida manejarlo es su problema y no el tuyo. No eres responsable de sus sentimientos. La clave para lograr que los límites se mantengan es que tú te mantengas fiel a ellos. Puedes ser muy amable y recordarle con delicadeza que volverás a ponerte en contacto con ella cuando puedas hacerlo.

Cuando empieces a estar cómoda fijando límites, te resultará útil marcarlos con ella en muchas cuestiones y situaciones. Hagamos algo de práctica para que puedas tomarlo como referencia cuando tengas problemas.

Tu madre dice: «Cariño, parece que hay un montón de polvo en tu casa. Fíjate en la mesa de centro. Sé que eres una madre que trabaja, pero tu familia merece un hogar limpio e higiénico».

Tú dices: «Mamá, es mi casa. Estoy cómoda con la atención que le dedico. Agradezco tu interés, pero si mi familia piensa que es un problema, ya lo resolveremos».

Tu madre dice: «Te he traído unas pastillas para adelgazar, cariño, porque me he dado cuenta de que has aumentado unos kilos últimamente. He investigado mucho y éstas son las mejores que he encontrado».

Tú dices: «Mamá, si decido que mi peso es un problema, hablaré de ello con el médico».

Tu madre dice: «Cada vez que veo a mi nieta, lleva un pelo que parece una maldita madriguera de ratas. Cuando eras niña, nunca te dejaba salir de casa sin arreglarte como es debido. ¿Es que no te importa el aspecto que tiene tu hija?»

Tú dices: «Mamá, estoy muy orgullosa de mi hija y de la persona en que se está convirtiendo, y no me preocupa especialmente el aspecto que tiene su pelo hoy».

Tu madre dice: «Necesito que me llames cada día para ver si estoy bien. Podría tener un ataque al corazón y ni siquiera lo sabrías. Estaría ahí tirada, sola, sufriendo y ¿qué pensaría la gente?»

Tú dices: «Mamá, si de verdad esto te preocupa, hay una solución práctica. Fabrican unas alarmas de seguridad que puedes llevar encima. Son aparatos que, si hay una emergencia médica, avisan al 911».

Tu madre dice: «No puedo creerme que te vayas a divorciar. ¿Qué diablos has hecho para fastidiar tu matrimonio? ¿Cómo se lo voy a explicar a la familia?»

Tú dices: «Soy yo quien decide sobre mis relaciones, y me duele mucho que no puedas darme tu apoyo y tu ayuda».

Tu madre dice: «¿Qué quieres decir con que no vas a venir a casa para Acción de Gracias? Sabes lo mucho que trabajo cocinando para esta familia. Sabes que siempre celebramos Acción de Gracias en mi casa. ¿Cómo puedes hacerme esto?»

Tú dices: «Mamá, ahora que estoy casada, quiero relacionarme también con la familia de mi marido. Algunas veces, las vacaciones serán un poco diferentes».

Establecer unos límites firmes te permitirá sentirte cómoda en cualquier situación, en particular si tienes una madre entrometida. Requiere práctica y contención, pero no respondas a las reacciones de tu madre con hostilidad. Fija los límites y si ella no los respeta aléjate de la situación. Puedes establecer unos límites sanos de forma amable y educada. No tienes por qué actuar con enfado, resentimiento o a la defensiva. Estás afirmando algo y trazando tu raya en la arena para definir lo que necesitas, cómo te sientes y, a veces, dejar claro lo que no te parece bien. En lugar de entrar en discusiones, declara sencillamente cuáles son tus límites, una y otra vez, hasta que tu madre lo entienda.

Otra estrategia para tratar con tu madre puede ser pensar en unas sesiones de terapia madre-hija.

Llevar a la madre a terapia

Cuando le hago a mis clientas la pregunta «¿Tu madre asistiría a terapia contigo para hablar de los problemas madre-hija?», la mayoría se echan a reír, incluso se burlan un poco. Cuanto más narcisista sea la madre, menos probable es que decida acudir a terapia contigo para abordar lo que sentís sobre vuestra relación. Es difícil, y a veces imposible, que una narcisista sea consciente de sus propios sentimientos. Normalmente, proyecta sus emociones en los demás y es incapaz de buscar en su interior para identificar y sentir. Recuerda que no puedes curar lo que no puedes sentir;

por ello, las madres narcisistas tienden a permanecer alejadas de su vida emocional. Si tu madre nunca se ha ocupado de sus sentimientos ni ha reconocido sus propios problemas, la terapia será una pérdida de tiempo. Muchas madres abandonan las sesiones de terapia cuando el problema tiene relación con algo que han hecho mal o que le hace daño a la hija. Es típico que una narcisista en toda la extensión de la palabra culpe a su hija, incluso en terapia y delante del terapeuta.

Esto te pone en un aprieto horrible; tú anhelas una relación sana con tu madre y estás dispuesta a hacer el esfuerzo necesario para lograrlo, pero tu madre se niega a admitir que necesita ayuda.

- Rosanne, de treinta años, me dice: «No conseguí que mi madre fuera a terapia conmigo. Pero mientras yo estaba en terapia, le hablaba de ello. Era un caso perdido. Lo negaba todo. Lo único que yo quería oír era "Lo siento", y lo único que ella podía hacer era llorar y decir que tenía una hija horrible. Llanto. Víctima. Nada de empatía. Nunca volveré a pedirle que vaya a terapia».

- La madre de Monica intentó ir a terapia con ella, pero acabó luchando contra el proceso y culpando a su hija, al tiempo que se preocupaba por su imagen como madre. «¡Ir a terapia con mi madre era toda una experiencia! Iba, pero era un desastre. Se ponía muy a la defensiva y era, realmente, todo un ejercicio por su parte no oír ni una palabra de lo que yo decía porque estaba demasiado preocupada por sí misma y por la impresión que le daba a la terapeuta.»

En muchas situaciones, las madres que tienen menos rasgos narcisistas están abiertas a aprender y crecer. Con ellas, hay esperanzas de que se pueda producir la sanación entre madre e hija, tanto en la terapia como fuera de ella. La mayoría de hijas saben, por instinto, si su madre está en este caso o no. Pueden saberlo, basándose en sus experiencias anteriores con la madre, cuando trataron de hablar de sus sentimientos o de las dificultades de comunicación. Aunque es difícil de aceptar por parte de las madres, algunas pueden mirarse claramente y decidir que quieren trabajar en la importante relación con su hija o sus hijas.

Mi clienta, Gerda, de sesenta y dos años, reconoció tener algunos rasgos narcisistas y, además, era hija de una madre con trastorno narcisista de la personalidad (NPD). Había sufrido mucho en su propia relación con su madre, ya difunta, cuyo dominio emocional era muy fuerte. Gerda podía ver los efectos negativos que esto tenía en su vida y la forma en que habían afectado a su propia labor de madre. Quería, sinceramente, trabajar en la sanación con sus tres hijas. Por desgracia, éstas estaban demasiado heridas y apenadas para intentarlo. Habían dejado de intentarlo con Gerda y no creían en su capacidad para cambiar, así que las sesiones madre-hija todavía no han tenido lugar. Como siempre soy optimista, creo que llegará un día en que las pueda ver a todas juntas. A veces, las hijas tienen que hacer su propio trabajo de recuperación primero, a fin de estar preparadas para enfrentarse a su madre y a todo lo que entraña la terapia. Las hijas son jóvenes y todavía tienen trabajo que hacer, pero son unas personas encantadoras sobre las que tengo muchas esperanzas a largo plazo.

El tiempo es un factor importante que tener en cuenta para decidir si harás terapia con tu madre o no. A veces, no es el momento oportuno y es más fructífero esperar hasta que todas las partes estén preparadas. La madre, Gerda, fue capaz de dar marcha atrás, hacer su propia recuperación y abordar los problemas generacionales con sus hijas. Es algo que veo raras veces y sigo diciéndole que es asombrosa y que estoy muy orgullosa de ella.

Si empiezas la terapia madre-hija y tu madre se muestra abusiva o emocionalmente bloqueada y te culpa de todo, te aconsejo que pongas fin a la sesión y hables con la terapeuta a solas. Pregúntale si le parece productivo o no seguir teniendo a tu madre en la sesión contigo. La terapeuta debe ser tu aliada en este proceso de recuperación y ayudarte. Tus sesiones no deben perpetuar el abuso y la culpa que tu madre ha acumulado ya encima de ti. Si estás convencida de que no quieres continuar con tu madre y la terapeuta no está de acuerdo, tendrás que tomarte algún tiempo para reflexionar sobre tu decisión. Al final, confía en tu propia intuición sobre si es o no el momento acertado.

Qué contarle a tu madre sobre tu propia terapia

En este libro recogemos los pasos del programa de recuperación que uso con mis clientas, para que puedas hacer tu propio trabajo terapéutico. Dicho esto, trabajar con una terapeuta individualmente también puede beneficiarte en extremo durante este tiempo. Si decides seguir este camino, por favor recuerda que tú y sólo tú decides si contarle o no a tu madre que estás acudiendo a terapia. Hay razones para que la terapia sea una relación confidencial, y nadie tiene necesidad de saberlo, a menos que tú quieras decírselo. Esto incluye a tu madre.

Si decides contárselo, también debes decidir cuánto quieres compartir con ella. Quizá quieras informarla de que asistes a terapia, pero que no tienes intención de compartir esta experiencia privada con ella. Si ella te presiona para conseguir información, fija ciertos límites. Si éstos no funcionan, establece otros incluso más firmes. Encontrarás un ejemplo a continuación.

Unos límites suaves: «Mamá, agradezco tu interés en mi terapia, y cuando esté preparada para hablar contigo, probablemente lo haré. Sigo en medio de una cierta confusión, tratando de comprenderme mejor y quiero avanzar más antes de hablar de ello contigo clara y adecuadamente. Gracias por comprenderlo».

Unos límites firmes: «Mamá, tengo que dejarte muy claro que mi terapia es confidencial y que no hablo de ella con nadie. Está destinada a ayudarme con algunos problemas que estoy experimentando en *mi* vida ahora mismo. No me preguntes nada, ya que no pienso compartir esta información contigo».

Puedes iniciar estas declaraciones con «Me importas y me importan tus sentimientos», o «Te quiero mamá, pero…» Si tu madre se muestra herida o se enfada, es asunto suyo ocuparse de sus propios sentimientos, no es tarea tuya repararlos. Apártate de la escena y deja que sea su problema, que lo es. Recuerda que establecer límites no es algo mezquino; es un ejercicio saludable para cuidar de ti misma. Por lo general, nosotras, las hijas, lo sabemos, pero como nuestra madre es muy hábil para hacernos sentir culpables, a veces resulta difícil conseguirlo. Recuérdate que tú no creas sentimientos en otras personas. Cada persona es responsable de sus propios sentimientos y reacciones y, por lo tanto, también debe rendir cuentas de ellos.

El auténtico trabajo es interior

Como estoy segura de que estás averiguando, tratar con tu madre es mucho más fácil después de trabajar en tu propia recuperación. Las razones de este cambio son muchas: Eres menos reactiva a sus proyecciones; puedes fijar límites claros; debido a tu trabajo de duelo, ella es menos capaz de provocar tu dolor; y como has aceptado que ella tiene limitaciones, ya no esperas grandes cosas de ella. Con independencia de si practicas, o no, una separación completa de ella, una separación temporal o mantienes una relación civilizada, tu éxito viene determinado por tu propia sanación interna.

¿Y si la madre ya ha muerto?

Si tu madre ha muerto, ya no realizarás algunos de los ejercicios anteriores. A pesar de ello, tu curación interna sigue siendo indispensable. He tratado a muchas hijas que siguen teniendo problemas de legado a lo largo de toda su vida, incluso después de que su madre haya muerto. Los desagradables mensajes siguen fijos hasta que los sueltes y liberes conscientemente de tu interior. Trabajar en tu recuperación es necesario para que estés sana.

Exploremos una comprensión más profunda de tu madre y de sus orígenes.

Comprender la formación de tu madre

Como la mayoría de las hijas de madres narcisistas son codependientes, es un poco delicado pedirles que dediquen algo de tiempo a comprender las circunstancias, los orígenes de su madre y cómo llegó a ser lo que es. Al hacerlo, no vas a dejar que se salga con la suya ni minimizar tu propio dolor ni hacer que tus heridas se vuelvan de nuevo invisibles. No harás que, una vez más, «todo tenga que ver con mamá». Pero este ejercicio puede ayudarte a tranquilizar tu interior y a comprender la situación en su conjunto. Para usar una analogía, imaginemos que voy a ir de excursión o a subir hasta la cumbre de una montaña muy alta con una topografía complicada. Sé que tendré que empezar al pie de la montaña y abrirme camino hacia arriba e imagino que tendré que superar muchos obstáculos según avanzo. Si antes pudiera volar sobre la montaña en un helicóptero o mirar un buen mapa para ver a qué me enfrento en general, eso me prepararía mejor para la escalada. El mapa o visión de conjunto no reduciría la dificultad del camino ni mis esfuerzos, pero sí que me ayudaría en la planificación general y en el éxito final. Lo mismo puede decirse si comprendes mejor de dónde viene tu madre. Este trabajo es para ayudarte *a ti*.

Así que, para empezar, trata de averiguar si tu madre tuvo un padre o una madre narcisistas. Es muy probable que así fuera. Puedes tomar algunas de las características que hemos definido en este libro y hacerle a ella esas mismas preguntas sobre sus padres. Muchas madres narcisistas están dispuestas a hablar de sus orígenes si no entraña hablar de algo que ellas hicieron. Mis padres, por ejemplo, me dieron varios y vívidos ejemplos de la conducta de sus padres. Tuvimos una conversación muy animada, agradable, pero ciertamente corta; sin embargo, fue mejor que no tener ninguna. Yo pude seguir la pista de parte del legado familiar a partir de esto y usarlo para explicar parte de mi propia experiencia con mis abuelos.

A continuación, puedes preguntar a tus parientes. Los tíos y los primos son grandes recursos. Otro gran recurso son los abuelos todavía vivos que no son narcisistas. A veces, después de que un cónyuge narcisista muere, un familiar está más dispuesto a hablar de lo que piensa y recuerda.

Por supuesto, en muchas familias, estas conversaciones no pueden producirse. Si tu familia no las tolera, tú ya lo sabes. Déjalo estar. No provoques un drama innecesario si estás segura de que no servirá de nada. Confía en tu propia intuición. Conozco algunas hijas que forzaron la cuestión con sus familiares y, cuando no salió bien, se culparon por ello. No quiero que esto te pase a ti.

Entre otros recursos están los amigos de la familia que conocían bien a tus padres y abuelos. Aunque es raro hoy en día, algunas familias siguen viviendo en las mismas poblaciones y ciudades donde creció el clan familiar.

Si no puedes conseguir detalles específicos sobre el narcisismo, puedes hacerle a tu madre preguntas generales sobre su crianza. Preguntas como:

- ¿Tuviste una infancia feliz?
- ¿Te sentiste querida por tus padres?
- ¿Sentiste que recibías la suficiente atención de niña?
- ¿Tus padres te hablaban sobre los sentimientos?
- ¿Te escuchaban y tú te sentías oída?
- ¿Cómo te castigaban cuando tus padres se enfadaban contigo?
- ¿Te alentaban como individuo o tenías que encajar en la idea de lo que se esperaba que tenía la familia?
- ¿A tu madre o a tu padre les preocupaba particularmente lo que pensaran los demás?

Cuanto más averigües sobre los orígenes de tu madre, mejor la comprenderás y entenderás por qué actúa como lo hace. Lo más probable es que fuera una hija carente de madre que tiene su propio y significativo trauma en su vida.

No obstante, cuando trates de recabar más información, puede que te sientas como si estuvieras avanzando a ciegas. Prepárate para que tu madre muestre mucha negación respecto a su propia infancia. Aunque, probablemente, no será ella la mejor para aportarte información, mira a ver qué está dispuesta a contarte. Acepta lo que sea.

Además, observa la manera de criarte de tu madre, en tanto que influida por su generación y su tiempo. Son multitud los factores que influyen en cómo cada madre cría a sus hijos.

Perspectivas históricas

A todos nos moldean de forma significativa los valores sociales y las expectativas de la crianza paterna. Cada generación parece tener que enfrentarse a su propio conjunto de filosofías y creencias sobre la educación de los hijos, así que es posible que una generación contradiga a la otra. Veamos cómo nos marca el momento de nuestro nacimiento, según la definición de *Generations: Working Together*, a continuación.[3] A guisa de ejemplo, he anotado a las mujeres de mi legado. Puedes hacer lo mismo para conseguir algo de perspectiva sobre el panorama general de tu propia familia.

GENERACIÓN	AÑOS DE NACIMIENTO	EJEMPLO
Generación GI	1901-1923	Mi abuela
Generación silenciosa	1924-1945	Mi madre
Generación del *baby-boom*	1946-1964	Yo
Generación X	1965-1980	Mi hija
Generación del Milenio (A veces llamada *Gen Y*)	1981-2002	Mis nietas

Las opiniones de los padres sobre educación a lo largo de las épocas ha pasado de «la letra con sangre entra» y «los niños, ver, oír y callar» a la actitud de los *baby-boomers*, que tratan de forjar la autoestima de sus hijos sin exigirles que lleguen a ser competentes en aspectos académicos o sociales. Es un cambio sísmico. Muchos dirían: «¿Cómo diablos se puede criar a un niño como es debido?»

Las madres del *baby-boom* pasaron del modelo Donna Reed de la madre que se queda en casa, haciendo galletas y que está siempre presente, a unas madres con un nivel de educación muy alto que tienen profesiones fuera de casa. En la época en que tuve mi primer hijo, por ejemplo, el concepto dominante de la feminidad estaba sufriendo una revolución cultural. Las madres se hicieron feministas, participaron en manifestaciones por la igualdad de derechos y se dedicaron a carreras profesionales, La estructura familiar cambió: el divorcio, los niños de la llave, los hogares monoparentales y las guarderías infantiles se hicieron comunes, mientras que habían sido algo desconocido para la generación anterior. Un día, mi propia hija, en un ataque de rabia, me llamó una «divorciada de casa», captando el mensaje no expresado de que ya no era apropiado llamarme «ama de casa» (*housewife* o «esposa de casa», en inglés).

Las madres del *baby-boom* allanaron el camino para que sus hijas tuvieran una educación y una atención sanitaria mejores, y un acceso igual a la escuela y al trabajo profesional. Crearon opciones que las mujeres antes no tenían. Sin embargo, algunas de sus hijas de la generación X creen que, mientras sus madres hacían esto, la familia sufría y las niñas sentían que sólo ocupaban un segundo lugar frente a las aspiraciones profesionales de su madre. Esta polémica requiere una comunicación sensible entre madres e hijas, pero la entrega de la madre a su propio desarrollo y éxito profesional *no* es lo mismo que el narcisismo, a menos que esa madre exhiba rasgos narcisistas. Al mismo tiempo, las madres del *baby-boom* tienen que reconocer lo que sienten sus hijas de la generación X y comprender que pueden sintonizar con algunas de las hijas de este libro. La comprensión, la empatía y la comunicación son claves para dar con la solución.

En cualquier caso, dados los efectos que la cultura, la sociedad y la historia han tenido en nuestras madres y abuelas, no es sorprendente que, buena parte del tiempo, no hayan sabido cómo ser madres. No hay peligro en decir que muchas educaron a sus hijos tal como las habían educado a ellas. Contar con una cierta comprensión de la perspectiva histórica hace que sea un poco más fácil entender que las actitudes y conductas maternas pueden cambiar de una generación a otra y que las niñas vulnerables crecen para convertirse en madres narcisistas.

No obstante, dicho esto, no estoy ofreciendo una excusa, sino sólo ingredientes que nos ayuden a comprender mejor. Creo que, para cualquier generación, el sello de una buena crianza materna es la capacidad de dar un amor y una empatía auténticos, además de prestar cuidados físicos y emocionales, con independencia del momento histórico.

Con esta comprensión de la historia de nuestra madre, veamos ahora el complicado concepto del perdón.

Perdón

La palabra «perdón» está cargada de significado y malentendidos. A muchas hijas les enseñaron, a una edad muy temprana, que las niñas buenas perdonan y olvidan. El mensaje es que se espera que perdonemos a quienquiera que nos haya hecho daño, porque eso es lo que se debe hacer.

Aunque creo en la rectitud e importancia del perdón y en los beneficios emocionales que puede aportarnos, también lo veo bajo una luz diferente. El perdón es positivo y sanador cuando entendemos que esa persona no tenía intención de herirnos. Pero no nos hacemos ningún bien cuando tratamos de negar el dolor que sentimos. Y, realmente, nos arriesgamos a sufrir más daños cuando no nos enfrentamos a la realidad de que nos han herido y que es probable que esa persona vuelva a hacerlo, sea involuntariamente o a propósito.

Muchas personas interpretan erróneamente el perdón como algo que condona la conducta ofensiva original, como si dijéramos que no pasa nada. Pero yo creo que la responsabilidad es crucial para la salud mental. Así que te aconsejo que sólo perdones a alguien que es responsable de su conducta cuando ha reconocido lo que ha hecho, es consciente de ello y lo lamenta sinceramente. Aunque pueda parecer duro, pocas madres narcisistas lo hacen, por lo tanto no abogo por el perdón para la mayoría de ellas.

No obstante, sí que te aconsejo que, de alguna manera, en tu interior, lo dejes estar por tu propio bien. Las hijas de madres narcisistas no han sido queridas y de muchas han abusado física, sexual y emocionalmente. No condonamos una mala práctica materna. No condonamos que se ignoren las necesidades y derechos básicos de los niños. Pero sí que tenemos que dejar ir este pasado en nuestro interior, para que nosotras, las hijas, también podamos soltar el lastre de la ira, la furia y la tristeza. Perdonamos renunciando a estas emociones negativas para poder seguir adelante el resto de nuestra vida.

El paso uno del proceso de duelo te permite alcanzar ese dejar ir interior. Después, lo que sientas dentro de ti será más neutro; ya no sentirás las intensas emociones que antes asociabas con tu madre. Esta neutralidad te permitirá conservar ese sentimiento de dejar ir. Es como un perdón interno. Es un regalo que te haces a ti misma. Como dice mi clienta Kenna:

- «Aunque nunca pude hablar de mis emociones con mi madre —tiene las emociones de una puerta—, ahora puedo decirle que la quiero. Lo curioso es que ni siquiera se había dado cuenta de que antes yo nunca se lo decía. Ahora entiendo que esta recuperación y este perdón son para mí. Hacen que me sienta bien.»

Esta clase de perdón es comprender a tu madre de una manera que te permite crecer y dejar atrás tus antiguos sentimientos de niña triste y herida. Es una clase de perdón adulto. Lewis Smedes, en *Shame and Grace: Healing the Shame We Don't Deserve*, lo expresa así:

La primera y con frecuencia la única persona que es curada por el perdón es la que perdona […]. Cuando perdonamos de verdad, liberamos a un prisionero y luego descubrimos que ese prisionero éramos nosotros.[4]

Mi teoría y práctica del perdón no es la única manera. A muchas hijas les resulta útil apoyarse en sus creencias religiosas o espirituales para que las ayuden a perdonar. Los programas de adicción con doce pasos defienden que el auténtico perdón llega cuando puedes desearle el bien a la persona que te ha herido y rezar para que tenga todo lo que desea. También lo llevan un paso más lejos y aconsejan que recemos por que quien nos ha hecho daño tenga todo lo que queremos para nosotros mismos: salud, riqueza y felicidad. Henry Nouwen escribe en *The Only Necessary Thing*:

> Perdón es el nombre del amor practicado entre personas que aman poco. La dura verdad es que todos amamos poco. Necesitamos perdonar y ser perdonados cada día, cada hora, sin cesar. Ésa es la gran obra de amor entre la hermandad de los débiles que es la familia humana.[5]

Lo que más me preocupa para tu recuperación es que la forma de perdón que decidas poner en práctica erradique la culpa tan completamente que no te quede ni rastro de sentirte víctima. Porque si continúas viviendo con una mentalidad de víctima, corres el riesgo de definir tu vida basándote en tus heridas. Eso significaría que permites que los fracasos de tu madre te controlen. Estar libre del sentimiento de victimización es la auténtica señal de la recuperación.

Los dones de tu madre

Es importante recordar que nadie es totalmente bueno ni totalmente malo. Tanto si tu madre tiene rasgos narcisistas como si tiene un trastorno narcisista de la personalidad completo, también hay algo bueno en ella. Es probable que te transmitiera cualidades, pasiones, intereses y conocimientos. Recuérdate los dones que te ha dado. Podrían ser artísticos, musicales, mecánicos, la forma o el tamaño de tu cuerpo, la textura del pelo, unos ojos bonitos, una piel suave o algo como la habilidad para empapelar una pared sin dejar ni una arruga.

Anota en tu diario los dones que tu madre te ha conferido y date permiso para sentir gratitud. Cuando era niña, mi abuela me repetía una significativa frase. Si alguna vez trataba de decir algo malo de alguien, me sentaba en sus rodillas y me decía dulcemente: «Si miras bien de verdad, siempre puedes encontrar oro en los demás». No me cabe ninguna duda de que es verdad. Busca el oro y esos dones en tu madre. Te ayudará más de lo que crees ahora. Suzie me leyó esto de su diario:

De casa salí con un ánimo batallador. Tal vez no estaba equipada para las cosas más prácticas de la vida, pero aprendí que la honradez y la integridad eran mis mayores activos. Aprendí una ética de trabajo que está muy valorada. Aprendí que unos principios elevados rinden grandes resultados en la mayoría de cosas. Aprendí que el humor y la risa superan la mayoría de diferencias para conseguir beneficios a corto plazo. Aprendí buenos modales en la mesa, cómo poner la mesa y cómo ser una buena anfitriona. Aprendí habilidades sociales. ¡Aprendí a comprar! De alguna manera, emergí llena de tenacidad; busco lo mejor en los demás, perdono fácilmente y aprendo con rapidez. Aprendí dolorosamente que quería ser una clase diferente de madre, así que me motivé para enseñarme a mí misma una práctica materna afectuosa. Como resultado, la máxima alegría de mi vida ha sido ser madre. El ciclo se ha roto.

Amar, no culpar. Apariencia de la recuperación

Lo que espero para ti incluye todo lo siguiente: ahora te ves a ti misma con un conocimiento y un sentido del amor internos. Has sustituido la ansiedad y el desasosiego de tu infancia con una marea de gratitud por haber recibido la vida y este importante viaje que emprender. Ahora comprendes que el camino que te asignaron para recorrer estaba y está lleno de lecciones de vida dignas de atesorar. Has reconocido que tienes una sabiduría interior que ahora puedes compartir con tus hijos, con otras personas a las que quieres y con el mundo entero. Ahora ves que tu madre te dio unos dones especiales, aunque estaban disfrazados y ocultos en traumas, que ahora puedes apreciar.

Eres responsable de tu propia vida. Dependes de ti misma para controlar tus emociones. Eres adulta y tienes una conciencia firme de tu propio yo. Te tomas en serio y ya no estás llena de dudas sobre ti misma. Has salido de las sombras de una infancia llena de ansiedad y has entrado en el sol de la confianza y la competencia.

Ya estás preparada para completar el viaje sanador, dando el último paso para poner fin al legado de tu narcisista madre.

14

Llenar el espejo vacío

CÓMO PONER FIN AL LEGADO NARCISISTA

«Los traumas almacenados en el cerebro, pero negados por nuestra
mente consciente siempre serán visitados en la siguiente generación.»

Alice Miller, entrevista *online*[1]

En este capítulo, aprenderás a usar tu consciencia del legado narcisista y tu deseo de cambiarlo, para evitar que pase a tus propios hijos. Las hijas de madres narcisistas suelen expresar el temor de que quizás hayan aprendido o adquirido rasgos narcisistas que afecten adversamente a sus relaciones más íntimas en el papel de madres, amantes y amigas. Elan Golomb, en *Atrapada en el espejo,* expresa esta idea preocupante: «Si el padre o la madre tienen una inclinación narcisista, la presión para copiarla es fuerte».[2]

Una mirada a la crianza de los hijos

Para las lectoras con hijos, este tema tiene una enorme importancia. Muchas mujeres a las que he entrevistado expresan temores sobre la educación de sus hijos. Las madres recientes son, por lo general, más optimistas respecto a su capacidad como madres, pero conforme ellas y sus hijos se hacen mayores, algunas empiezan a ver en sus hijos algunos efectos de una conducta narcisista que les resultan familiares. Es comprensible que empiece a dominarlas el pánico.

- «Al criar a mis hijos, intenté hacerlo todo de un modo diferente al de mi madre, pero igual hemos tenido problemas. ¿Qué puedo hacer ahora que están entrando en la adolescencia y en la edad adulta?», suplica Scarlett, que está en la cincuentena. «Veo que mis hijos no se hacen responsables de su conducta y abusan de sustancias como medio de adormecer los sentimientos. Esto me aterra.»

Esto es lo que creo que sucedió en lo que yo misma pasé a mis hijos (reconozco que es sólo como yo lo percibo y es posible que mis hijos estén en desacuerdo). Mientras crecía, había identificado muchas cosas que no quería hacer como madre y, de adulta, pasé años estudiando el desarrollo y la psicología infantiles para poder cambiar los modelos generacionales con estos conocimientos. Desde el momento en que nació mi primer hijo, me esforcé de todo corazón para darle una educación diferente. Pese a todo, aprendí a las malas que nuestros hijos perciben la manera en que actuamos como un «grito», mientras que nuestras interacciones directas con ellos se parecen más a susurros. Aunque hice todo lo posible por ser todo lo buena madre que pude, acabé mostrándoles que, en mi interior, no me sentía lo bastante buena. Esto siguió mucho tiempo, hasta que entré en mi programa intensivo de recuperación. Por supuesto, nunca les dije a mis hijos que no eran lo bastante buenos (tampoco lo creí ni por un momento), pero en mis propios esfuerzos por tener valía, ellos veían cómo me consideraba a mí misma.

Parece como si, sin darme cuenta, me convirtiera en modelo de ese desagradable mensaje y se lo transmitiera en contra de mi voluntad. En mis investigaciones clínicas he visto lo mismo en otras hijas.

La conducta y las actitudes que mostramos ante nuestros hijos son de la máxima importancia. Dado que podemos transmitirles inconscientemente creencias y actitudes negativas, nuestra propia recuperación como madres es *imprescindible*. Me dedico a instruir a otras mujeres sobre este riesgo y esta necesidad para que todas podamos trabajar a fin de erradicar de nuestra vida y de la vida de nuestros hijos el doloroso legado del narcisismo.

Estoy segura de que tengo otros muchos puntos ciegos como madre. Mi compromiso conmigo misma y con mis hijos es mantener abiertas todas las puertas para la sanación. Te animo a hacer lo mismo. Despejar el camino para una nueva comprensión mutua es un gran don, un don que para la mayoría de hijas adultas nunca fue más que un sueño porque nuestra propia madre no podía abrirse al cambio. Las buenas noticias son que es totalmente posible cambiar para nuestros hijos y cambiar su legado.

Empieza a evaluar cómo crías a tus propios hijos. Reconoce la dolorosa realidad de que es imposible ser hijo de un narcisista y no quedar dañado, *en alguna medida*, de modo narcisista. Es probable que cualquiera criado de esta manera haya adquirido unos cuantos rasgos de narcisismo. Sé que no es esto lo que quieres oír —yo misma tuve dificultades para reconocerlo—, pero debes hacerle frente para que puedas intentar remediarlo cuanto antes.

Recuerda que el narcisismo es un trastorno de espectro. Un trastorno narcisista completo de la personalidad está en el extremo más negativo del continuo, pero la mayoría de personas están cerca del otro extremo. La mayoría de personas tienen una cierta autoestima, y es algo normal.

Cuando empieces a trabajar en la responsabilidad que tienes en este campo, quizá descubras que nadie a tu alrededor te apoya o respalda tanto como te gustaría. Tu propia voz interior puede intervenir para decirte que es otra señal de «que no eres lo bastante buena». Quiero ser clara y apoyarte en esta cuestión: identificar tus propios rasgos narcisistas y trabajar en ellos *es* responsable y autoenriquecedor, y demuestra que te estás tomando a ti y a tu recuperación en serio. El mayor regalo que puedes hacerte es aprender a manejar y controlar tus propios sentimientos y conducta. Recuerda, tu recuperación dura toda la vida. No puedes atarla a un minuto o al siguiente. No hay necesidad de sentir vergüenza ni culpa. Te estás arrancando del papel de «víctima» y desarrollando un ser adulto que es fuerte, independiente y afectuoso; un ser que es absolutamente lo *bastante bueno*.

No estás sola en tu deseo de ser una madre lo bastante buena. Pocas cosas en la vida conllevan la responsabilidad y el peso que tiene ser madre. La misma consciencia y el mismo deseo se prolongan también en ser abuela y bisabuela. Tu instinto materno para hacerlo bien es un profundo anhelo del alma femenina. Todos cometemos errores y desearíamos poder hacerlo mejor. Cuando nos equivocamos con nuestros hijos es difícil dejar de condenarnos porque los errores afectan a los que más queremos. Incluso sin tener ningún narcisismo en nuestros orígenes, seguiría siendo imposible ser una madre perfecta. Yo todavía no he conocido ninguna. De hecho, si alguien acudiera a mí en mi papel de especialista en salud mental y afirmara ser perfecto en el terreno de la crianza de los hijos, lo más probable es que cogiera el DMS y empezara a valorar algún tipo de trastorno delirante. Nunca olvidaré el día en que Kay, mi mejor amiga, me dijo después de comentar algunos errores que las dos habíamos cometido en la crianza de nuestros hijos: «De verdad que me caes mucho mejor, Karyl, ahora que has dejado de competir para ser la madre del año».

A continuación hay algunas herramientas clave para criar a los hijos de una manera sana, sin narcisismo.

Empatía

La empatía es la primera de mi lista, porque es la piedra angular del amor. La falta de empatía es, claro, el sello distintivo de las madres narcisistas. Empatizar con tus hijos es sentir lo que ellos sienten y reconocer esos sentimientos. Es el arte de la comprensión y la sensibilidad, así como la capacidad de ofrecer apoyo moral en cualquier cosa que estén experimentando. No tienes que estar de acuerdo con ellos, pero saben que cuentan contigo. De momento, dejas de lado tus propios sentimientos e ideas y sintonizas con sus necesidades emocionales para intentar comprender de dónde proceden y por qué. En lugar de hablar de normas o tratar de darles consejos y orientación, prueba con este ejercicio de empatía.

Empatizar entraña identificar los sentimientos que expresa tu hijo o hija y decirle que reconoces lo que siente en ese momento. «Sé que estás furiosa», «Te sientes triste», «Veo que estás muy disgustada»… Ser capaz de mostrar empatía a un hijo de cualquier edad hace que se sienta real, además de importante como persona.

Es algo difícil de hacer cuando el niño está disgustado contigo. Siempre que encuentres que los sentimientos de tu hijo son amenazadores o perturbadores, recuerda que empatizar no es lo mismo que estar de acuerdo, es reconocer un sentimiento real. Por ejemplo, mi nieta de cinco años pidió una galleta antes de la cena. Le dije: «No, podemos tomar una después de cenar». De un modo típico de alguien de cinco años, ella replicó: «Te odio, abuelita». Bien, yo sé que ella no me odia y ella también lo sabe, pero estaba furiosa por no poder comerse una galleta en aquel momento, y eso era normal. Le dije: «Cariño, sé que no odias a tu abuelita, pero estás furiosa porque quieres la galleta, y lo entiendo. A mí también me gustaría comerme una galleta ahora, pero tenemos que esperar hasta después de cenar. Pero está bien hablar de lo furiosa que te sientes y me alegro de que me lo hayas dicho». En este ejemplo, mi nieta necesitaba sentirse reconocida y validada; luego estuvo bien. La tentación en situaciones así es enfadarnos a nuestra vez con la niña, incluso castigarla, lo cual sólo hace que sienta como si tuviera que tragarse o tapar sus sentimientos. Tu enfado o castigo también empeorarán la situación y sus sentimientos se intensificarán.

Con frecuencia, los niños mayores y los adolescentes te faltan al respeto. En esta situación, está claro que tienes que fijar límites; pero para que tu hijo se sienta escuchado, tienes que reconocer los sentimientos que hay detrás de las palabras. Por ejemplo, una adolescente fuera de control puede insultar a su madre porque está furiosa por no poder ir al centro comercial, pero la madre debe establecer límites y consecuencias para esta conducta insultante. Al mismo tiempo, puede reconocer el disgusto de la niña. La primera vez que lo hacen, a los padres les sorprende lo eficaz que resulta para deshinchar los globos de rabia de sus hijos. Con frecuencia, se volverán más razonables porque los han visto y oído. Les hemos dado voz.

Cuando mi hijo tenía unos doce años, un día llegó a casa muy furioso y empezó a tirar cosas enrabietado. Cuando más tarde nos sentamos a cenar, cogió una fuente y la dejó caer de golpe contra la mesa. Mi primer instinto fue decirle que parara y se fuera a su habitación. Pero le dije: «Cariño, algo va muy mal. Estás muy enfadado. Hablemos de qué te pasa». Esto deshinchó el enorme globo rojo de rabia y pudo decirme que estaba disgustado con su hermana por algo de lo que no me acuerdo. Sé ahora, y lo supe entonces, que si lo hubiera enviado a su habitación o lo hubiera castigado de inmediato, su conducta habría empeorado y probablemente nunca habríamos llegado a saber qué sentía de verdad. Lo que fuera que lo había hecho enfadar era mucho menos importante que reconocer lo que sentía en aquel momento. Consiguió tener voz y que lo escucháramos, y mi recompensa fue acabar sin ningún plato roto.

Responsabilidad

Ser responsable de tus propios sentimientos y conducta es vital para la salud mental y la paz de espíritu. Como hijas de madres narcisistas, lo que veíamos la mayor parte del tiempo era el «juego de la culpa» en acción. La madre no tenía que dar normalmente cuenta de su conducta o sus sentimientos y los proyectaba constantemente en otros; en particular, nosotras.

Cuando practicas la responsabilidad, adoptas un punto de vista que dice: con independencia de lo que me suceda, es responsabilidad mía controlar mis propios sentimientos y conducta. Nadie puede crear lo que siento, ser la causa de que beba, forzarme a ser agresiva contra otros, hacer que me deprima, que les grite o les pegue a mis hijos, que conduzca a demasiada velocidad, que no obedezca la ley, etc. Soy yo quien tomo mis propias decisiones y puedo elegir en casi todo. Sólo soy una víctima si decido serlo.

También es importante enseñar a nuestros hijos que tienen que ser responsables de su conducta. Lo hacemos fijándoles límites y líneas divisorias y haciendo que se atengan a unas consecuencias saludables y sin riesgo, siempre que sobrepasen esos límites. No usaremos técnicas disciplinarias duras ni nada que huela a vergüenza o humillación. Estableceremos e impondremos coherentemente límites sobre lo que está bien y lo que está mal, con unas consecuencias que sean apropiadas a la edad.

Si a los niños no se les enseña a ser responsables de sus actos, crecerán sintiendo que tienen derecho a todo, lo cual es un rasgo del narcisismo.

Tener derecho

Aunque es importante que nuestros hijos se sientan especiales a nuestros ojos, no es importante que se sientan especiales a ojos de todo el mundo. Es imperativo que crean sinceramente que las necesidades de los demás son igual de importantes que las suyas. Podemos enseñárselo siendo un modelo de respeto a los demás y enseñándoles a apreciar que cada individuo tiene sus propias cualidades especiales que aportar al mundo. Una niña puede aprender a verse como única, pero también como una de muchas personas en una amplia comunidad de seres humanos de la Tierra. No tiene que destacarse de entre la multitud para sentirse realizada y tener paz interior. Para asegurarte de que no alientas esa actitud de tener derecho en tus hijos, céntrate en guiarlos, orientarlos y ayudarlos a que sean conscientes de su lugar en el mundo que los rodea y de sus conexiones y responsabilidades hacia los demás.

Parece que muchos padres presionen a sus hijos en el campo académico y deportivo para que sean los mejores a cualquier precio. Esta presión para «tener» y para «lograr» deja de lado, con demasiada frecuencia, principios básicos de responsabilidad personal. No sobrevalores las aptitudes o talento de tu hija. Sé realista respecto a sus logros y reconócele el mérito de lo que consiga. Involúcrate en sus éxitos y alábala por lo que logre, pero no la empujes hasta el punto en que se sienta «no lo bastante buena» por no estar a la altura de tus expectativas. Esto puede crearle confusión, resentimiento y la idea de que tiene derecho a todo.

Valores

Enseñar valores a los niños es crucial para su desarrollo, pero por supuesto, primero tienes que saber en qué crees y en qué no crees tú misma. Al hablar con cientos de personas en las sesiones de psicoterapia, a lo largo de los años, siempre me deja atónita ver cuántas no saben qué decir cuando les pregunto cuál es su visión del mundo o su sistema de valores. No obstante, como tú has pasado por tu propia recuperación, sabes ya cuáles son tus creencias y valores. Espero que veas lo crucial que es enseñar la importancia de la honradez, la integridad, la bondad, la empatía y la comprensión de los demás, el perdón, una autoestima y un autocuidado sanos, y la diferencia que hay entre lo que está bien y lo que está mal. Actualmente, muchos padres parecen prestar más atención al aspecto que tienen sus hijos que a cómo tratan a los demás.

La mejor manera de enseñar un sistema de valores es ser un modelo para tus hijos. Muéstrales que los valores importan tratándolos a ellos y a los demás con sinceridad, bondad, comprensión e integridad. Enséñales la importancia del respeto y el cuidado propios cuidándote bien. Usa ejemplos del vecindario, la televisión, el cine, la escuela y las noticias diarias para hablar de tus valores. Cualquier actividad que practique tu hijo puede convertirse en un aula para enseñar un valor y la diferencia entre lo que está bien y lo que está mal. Ten cuidado de no ser dura, crítica ni erigirte en juez. Limítate a expresar y mostrar cómo manejarías tú una situación; hazlo con amabilidad, firmeza e integridad.

Cerciórate de que las actividades de tus hijos entrañan dar a otros o ayudarlos de alguna manera. Al principio, quizá sólo aprendan a serles útiles y, con el tiempo, acabarán haciendo trabajo en la comunidad. Hacer algo por los demás enseña que los demás importan.

Valora su individualidad, no sólo sus logros

Tu amor por tus hijos tiene que basarse en quiénes son y no sólo en lo que pueden hacer. Como hija de una madre narcisista, te enseñaron que lo que hacías era más importante que quién eras, así que, probablemente, creciste sintiendo que tus padres ni siquiera conocían a tu auténtico yo.

Debes saber quiénes son tus hijos. Saber qué les gusta, qué les desagrada y qué les interesa, con independencia de ti y de tus intereses. Valora su buen corazón y su amabilidad, así como su humor e inteligencia. No los definas por lo que hacen (mi hijo, el futbolista; mi hija, la bailarina de ballet). Si permites que la autoestima de tus hijos se centre en sus logros, estás preparando otra generación de narcisistas dependientes de los logros, que tienen que ser «estrellas» para sentirse bien con ellos mismos. Reconóceles el mérito debido siempre que hagan realidad sus metas o visiones. Diles que estás muy orgullosa de lo que han hecho y que los querrás igual si no llegan a ser CEO o jugadores estrella de baloncesto.

Cuando estaba trabajando en este libro, me llamó un viejo amigo para ponernos al día. Me dijo que a su hijo acababan de darle una beca de baloncesto para la universidad, pero me habló más del «gran corazón» de su hijo que de la beca. Mi amigo está orgulloso de los logros de su hijo, pero también lo quiere por lo que es. Qué equilibrio tan sabio.

Autenticidad

Alienta a tu hijo a ser auténtico. La expresión auténtica de quién es y de sus sentimientos es el camino para llegar a ser una persona centrada. Nosotras, las hijas, aprendimos a ser falsas dentro del sistema narcisista. No transmitas a tus hijos la focalización en la imagen. Pueden ser correctos y auténticos, además de asertivos y respetuosos con los demás y con sus límites. Es bueno ser quien eres, aunque otros prefieran que seas otra cosa. Ni tú ni tus hijos tenéis que gustarle a todo el mundo.

Permitir la autenticidad significa aceptar lo que siente tu hija y alentarla a expresarlo, aunque estés en desacuerdo o te disguste. Significa que no la enseñas a mentir para quedar bien ni a negar lo que percibe como real. Basta de cerrar los ojos ante lo evidente, algo que todo el mundo conoce, pero de lo que nadie habla; no tengas secretos disfuncionales en la familia ni le pidas a tu hijo que se los guarde para él. Puedes enseñarle que no tiene que mentirse a sí mismo o a otros para mantener su imagen. Todos sabemos, por dolorosa experiencia, lo demencial que es hacerlo.

Hace poco, vi a una madre que le decía a su hija que lloraba: «No se llora. A la gente no le gustan los niños tristes». La pequeña se calló de golpe. Estaba claro que era un mensaje familiar para ella. El peligro de hacer esto con los niños es que les enseña a negar sus sentimientos, sacrificar su auténtico yo y adoptar una «imagen» que sea aceptable para el padre o la madre. Evita esto en tus comunicaciones con tus hijos. Si los presionas para que presenten una fachada, no les dejas más opción que creer que su auténtico yo es inaceptable.

La jerarquía parental

No se supone que tus hijos son tus amigos. Mantén los límites entre padres e hijos. Además, todos los hijos tienen que estar al mismo nivel. No compartas información adulta con ellos ni los cargues con tus problemas de adulto. Recuerda la jerarquía de una familia sana del capítulo 4: no son tus hijos quienes tienen que satisfacer tus necesidades. Eres tú quien tiene que satisfacer las suyas.

Mantén unas líneas divisorias apropiadas para delimitar el espacio independiente de cada persona en la familia y en casa. Respeta la propiedad y el espacio físico personal de cada uno. Enseña a los niños a decir no de un modo asertivo para que no los pise nadie. Esto les ayudará a desarrollar una identidad independiente.

Criar a un hijo es una tarea monumental, la más gratificante y la más difícil que puedas emprender. Nadie puede hacerla a la perfección. Es normal. No obstante, si eres consciente de los factores anteriores, te estás concediendo una consciencia más sana que la que tenían tus padres cuando te criaban a ti. En sí mismo, esto es un regalo enorme.

Relaciones con los demás

Los rasgos narcisistas que adquiriste, sin darte cuenta, te perseguirán también en tus relaciones con otros adultos. Reconócelos para poder controlarlos. Será difícil, pero eso no significa que no seas una buena persona. Tampoco significa que no seas lo bastante buena. Significa que eres humana y que tienes problemas sin resolver relacionados con una infancia difícil y dolorosa. No obstante, como adulta, es preciso que seas totalmente responsable, que eches una mirada honrada al espejo. Puedes dejar atrás el dolor, la tristeza y la experiencia, permitirte crecer emocionalmente e integrar las muchas y complejas partes que te forman.

La madre interior como guía

Puedes reconocer, sin reparos, tu crecimiento o tu falta de él en las relaciones amorosas, porque desencadenan tus necesidades insatisfechas más profundas. En el amor, tratamos de superar traumas pasados, pero por lo general esperamos que sea nuestra pareja quien nos dé el amor que nos faltó en la infancia. Estos intentos son un error, pero los repetiremos hasta que hayamos completado nuestra recuperación. Ésta es la razón de que muchas hijas de madres narcisistas pasen por muchas relaciones fracasadas.

Apóyate en tu madre interior. Aprende a reeducar y a educar desde cero a la niña herida, permitiéndote sentir el autorrespeto que te ofrece tu madre interior. Entonces, podrás ajustar tu «selector de relaciones» para sentirte atraída por diferentes clases de parejas adecuadas que no sean dependientes ni codependientes. Si necesitas trabajar más en la madre interior, vuelve al capítulo 12.

Encontrar el amor de tu vida

Ha llegado el momento de eliminar los viejos criterios que regían tu elección de pareja y tu conducta con los hombres. Si estás acostumbrada a anotar características externas como «¿Es guapo?», «¿Está bien de dinero?», «¿Tiene un trabajo impresionante?», «¿Conduce un coche con clase?», «¿Sabe bailar?», es hora de que empieces a hacerte otras preguntas: «¿Es guapo por dentro?», «¿Puede controlar sus propios sentimientos y conducta igual que dirige su propia empresa?», «¿Puede mostrar y tener sentimientos auténticos y manifestar empatía?», «¿Puede quererse y quererme de verdad?», «¿Puede bailar en su interior con su propia alma y con la mía?» Ahora que has recorrido un buen trecho del camino a la recuperación, piensa en elegir un compañero para toda la vida, de acuerdo con los siguientes factores significativos. Si ya estás casada o tienes una relación, piensa en si estos factores están lo bastante presentes en ella.

(El uso de «él» más abajo es sólo por comodidad y no significa que la información vaya dirigida sólo a las relaciones heterosexuales.)

- Cuando estás con él, ¿es amable y comprensivo? ¿Actúa con integridad?
- ¿Está decidido a dedicar toda la vida a aprender y crecer contigo y tiene la capacidad para hacerlo?
- ¿Es capaz de auténtica empatía? ¿Está interesado en esforzarse por eliminar el dolor y los problemas?
- ¿Tiene su propio estilo, su vida, sus intereses, aficiones y pasiones personales, independientes de los tuyos?
- ¿La mayoría de vuestros valores y visiones del mundo (filosofía de vida) son similares?
- ¿Tenéis intereses comunes para divertiros y pasar juntos un tiempo de ocio que ambos disfrutéis?
- ¿Tiene sentido del humor? ¿No lo usa sin hostilidad, sino con buenas intenciones?
- ¿Quiere ser tu mejor amigo y tu alma gemela y es capaz de serlo? (¿Actúa como tu mejor amigo?)
- ¿Habla de sus sentimientos y de los tuyos y está en contacto con su propio mundo emocional?
- ¿Puede manejar la ambivalencia y diversos matices del gris y no ser demasiado rígido sobre los fracasos, en ti, en él mismo y en otros?
- ¿Amplía tu vida espiritual, además de la material, haciendo que tu mundo sea un lugar maravilloso cuando estáis juntos?
- ¿Saca a la luz lo mejor que hay en ti?

Tus tareas de recuperación
en las relaciones amorosas

Ahora que has elegido una clase diferente de relación amorosa o estás trabajando para mejorar la actual, ¿de qué tienes que ser consciente en tu propia recuperación? Puedes encontrar el compañero que encaja en la lista del auténtico amor, pero a menos que te mantengas en el camino de la recuperación, tu relación será desdichada e insatisfactoria. Éstas son las tareas importantes que debes realizar para el trabajo de relación:

- Acuérdate de corresponder. La relación tiene que ser un toma y daca, y es preciso que seas capaz de dar y recibir con elegancia y amor.
- Tu amor por él es para la persona que es, no para lo que puede hacer por ti o para lo que tú puedes hacer por él.
- Si lo que tienes pendiente con tu madre estalla, vuelve a los pasos sanadores y trabaja en ellos, reconociendo plenamente que es una tarea que debes hacer tú. Si él se interesa por trabajar en esa tarea contigo, es un «príncipe» sin ninguna duda, pero recuerda que es sobre todo tu trabajo.
- Desde el principio dile que tu confianza se vio dañada cuando eras niña y que esa confianza será un problema para tu recuperación durante toda la vida. Continúa trabajando en los problemas de confianza, sin proyectarlos en él.
- Lucha contra tus necesidades de dependencia para no actuar de modo dependiente o codependiente con él. La interdependencia es una condición indispensable en una relación sana.
- Mantén los límites alrededor de tu espacio personal y aliéntalo a hacer lo mismo. Permitíos mutuamente privacidad cuando sea necesario. Siempre que resulte difícil, hablad de ello sin demora.
- Sé auténtica y tú misma en todo momento.
- Cuídate físicamente, emocionalmente, espiritualmente e intelectualmente. Da por sentado que él hará lo mismo, pero sé consciente de que no puedes controlarlo ni exigírselo.

- Sobre todo, sé responsable de tus propios sentimientos y conducta.
- Si alguna vez se equivoca y te dice que actúas «igual que tu madre», dile con delicadeza que no vuelva a repetirlo nunca más.

Tú y tus amigos

Elegir y conservar amigos muy queridos puede ser un reto para las hijas de madres narcisistas, pero muchas de las claves de una relación sana que hemos descrito antes son aplicables a los amigos, en especial la reciprocidad, la dependencia, la codependencia y los límites.

La reciprocidad es esencial para una amistad sana. Tiene que haber un toma y daca igual que en las relaciones amorosas. Esta reciprocidad no tiene por qué producirse siempre en el mismo momento, pero debe haber un equilibrio general. Si uno de los amigos es siempre el que da y el otro siempre el que toma, la relación es dependiente o codependiente. Si estás pasando una época en que sabes que no puedes actuar a la recíproca debido a alguna crisis vital o a un proyecto importante en el que estés metida, díselo a tus amigos. No seas injusta contigo misma ni con ellos y no te des, en cualquier caso, aunque estés agotada por tu propia crisis; infórmalos y asegúrales que volverás a corresponderles cuando pase tu crisis. Las hijas con un gran éxito profesional tienen muchas dificultades con esto, porque están acostumbradas a estar muy ocupadas y, a veces, no saben cómo manejar esta situación. Renuncian a algunos amigos, porque se sienten demasiado culpables por no poder dar todo el tiempo. Esto no es necesario con los buenos amigos.

También es importante establecer límites cuando alguien te dice cosas que te duelen. Para mantener una auténtica amistad, tienes que poder responder a una declaración o acto ofensivos diciendo: «Eso me ha hecho daño». O: «Me sentiría más cómoda si no hablaras de esto o hicieras esto justo ahora». Si tu amigo se alarma o se queda atónito, tendrás que explicarte y hablarlo. Fijar unos límites claros y hablar de ellos es parte de ser auténticas con las personas que nos importan.

Muchas hijas de madres narcisistas dicen que tienen dificultades con amistades femeninas. La razón más mencionada es que las amigas son más agotadoras emocionalmente y tienen demasiadas expectativas nada realistas de la amistad. Estoy convencida de que esta reacción ante las amistades femeninas es una secuela de la madre narcisista que creía estar en su derecho, estaba necesitada y era exigente la mayor parte del tiempo. Si una amiga empieza a actuar del mismo modo, puede que retrocedas y huyas en busca de refugio antes de analizar qué está pasando. Quizá no te estés comunicando lo bastante bien para que tu amiga comprenda tus propias necesidades y límites, o puede que estés eligiendo amigas que se parecen a tu madre. En el segundo caso, es posible que tengas que empezar a buscar nuevas amistades entre mujeres emocionalmente fuertes, cuyos intereses sean parecidos a los tuyos. Busca amigas que puedan aportar algo a tu vida, en lugar de vaciarte. Busca amigas que estén a la altura de tu fuerza y celebren tu autenticidad y pasiones en la vida. Con demasiada frecuencia, las hijas se quejan de que otras mujeres son competitivas y celosas, lo cual puede ser una vuelta a su infancia. Asegúrate de que esas amistades no están simplemente desencadenando un colapso interno antes de descartarlas. Pero si de verdad son competitivas y celosas —narcisistas—, evítalas si es posible. Busca auténticas amigas que quieran celebrarte y que permitan que tú las celebres a ellas. Esas mujeres son un regalo del cielo y vale muchísimo la pena que te esfuerces por encontrarlas. Pasar tiempo con gente sana es una obligación ineludible.

El espejo

Es posible que te hayas estado evaluando mientras leías este libro y quizás hayas encontrado algunos rasgos narcisistas en los cuales tienes que trabajar. Enfrentarse a ellos sinceramente es muy importante para que tu recuperación sea completa. No tienes que sentirte mal por ello ni «no lo bastante buena»; sólo tienes que ser responsable. A continuación encontrarás una versión de los nueve rasgos narcisistas recogidos en el DSM *(Manual diagnóstico y estadístico de los trastornos mentales)*; los mismos rasgos que has revisado en relación con tu madre. Veamos la lista:

¿TENGO PROBLEMAS DE NARCISISMO?

1. ¿Exagero mis logros y digo que he hecho cosas que no he hecho? ¿Actúo como si fuera más importante que los demás?
2. ¿Soy poco realista sobre lo que pienso y deseo relativo al amor, la belleza, el éxito y la inteligencia? ¿Busco poder en estas cosas?
3. ¿Creo que soy tan especial y única que sólo las mejores instituciones y los mejores profesionales académicos podrían llegar a comprenderme?
4. ¿Necesito que me admiren constantemente hasta el exceso?
5. ¿Creo que estoy en mi derecho y espero que me traten de un modo diferente y con más estatus que a los demás?
6. ¿Exploto a otros para conseguir lo que quiero o necesito?
7. ¿Carezco de empatía y, por lo tanto, nunca veo lo que otros sienten o necesitan? ¿Puedo meterme en la piel de otras personas? ¿Puedo mostrar empatía?
8. ¿Estoy celosa de otros o soy competitiva con ellos o pienso, injustificadamente, sin ninguna lógica, que los demás tienen celos de mí?

9. ¿Soy una persona altiva que actúa de forma arrogante y como si fuera «mejor que» con mis amigos, colegas y familia?

Y yo añadiría una pregunta más:
10. ¿Soy capaz de sentir auténtico amor?[3]

Muy pocas hijas de madres narcisistas responderían a todas estas preguntas afirmativamente, pero puede que encuentres algunos aspectos que encajen en ti. Usa la lista como baremo para tu crecimiento personal. Los dos atributos más importantes para un yo sano y para la maternidad son la capacidad de amar y de mostrar empatía. La mayoría de hijas poseen un instinto maternal innato, aunque quizá sientan la necesidad de pulirlo.

Estás en el camino a la recuperación. Te has enfrentado a tu pasado y a ti misma honradamente y con un sentimiento de urgencia. Ya has experimentado el viejo dolor y el amanecer de una nueva libertad de tu pasado, así como la libertad de llegar a ser tú misma. Sabes que no puedes sanar las cosas que no puedes sentir y te has abierto, sin miedo, a un nuevo modo de pensar y vivir tu vida. Sabes expresarte y expresar tus necesidades directa y claramente. Te has liberado de unas expectativas nada realistas y puedes seguir tus propios valores y pasiones. Mi corazón siempre estará contigo mientras continúas avanzando por tu camino permanente de recuperación y descubrimiento.

Notas

Capítulo 1

1. Elan Golomb, Ph.D., *Trapped in the mirror: Adult Children of Narcissists in Their Struggle for Self*, William Morrow, Nueva York, 1992, pág. 180. *(Atrapada en el espejo.)*

2. American Psychiatric Association, *Diagnostic and Statistical Manual of Mental Disorders*, American Psychiatric Association, Washington, 4.ª ed. Revisión de texto, 2000, pág. 717. *(Manual diagnóstico y estadístico de los trastornos mentales.)*

Capítulo 2

1. Jan L. Waldron, *Giving Away Simone,* Anchor, Nueva York, 1997.

2. *Terms of Endearement (La fuerza del cariño),* película, 1983.

3. *Pieces of April (Retrato de April),* película, 2003.

4. *Postcards from the Edge (Postales desde el filo),* película, 1990.

5. Nicole Stansbury, *Places to look for a mother,* Carroll & Graf, Nueva York. 2002, págs. 95-96.

Capítulo 3

1. Rebecca Wells, *Divine Secrets of the Ya-Ya Sisterhood,* Harper Collins, Nueva York, 1996, pág. 251. *(Clan Ya-Ya.)*

2. *Gyspy: A Musical Fable,* musical, dirigido por Jerome Robbins, 1959; *Gypsy,* película, 1962.

3. *Mermaids (Sirenas)*, película, 1990.

4. Del poema «Dear Mommy», de Linda Vaugham, M. A., Denver, Colorado.

5. *Terms of Endearement (La fuerza del cariño)*, película, 1983.

6. *Beaches (Eternamente amigas)*, película, 1988.

7. *The Other Sister (Aprendiendo a vivir)*, película, 1999.

8. Rebecca Wells, *Divine Secrets of the Ya-Ya Sisterhood*, HarperCollins, Nueva York, 1996, págs. 60, 225. *(Clan Ya-Ya.)*

9. Billie Holiday, de *Divine Secrets of the Ya-Ya Sisterhood*, HarperCollins, Nueva York, 1996, pág. 1.

10. Michael Wilmington, crítica de cine: *The Mother*, 17 de junio de 2004, (www.chicago.metromix.com/movies/review/movie-review-the-mother/158925/content).

Capítulo 4

1. Stephanie Donaldson-Pressman y Robert Pressman, *The Narcissistic Family*, Lexington Books, Nueva York, 1994, pág. 18. *(La familia narcisista.)*

2. Salvador Minuchin, *Families and Family Therapy*, Harvard University Press, Cambridge, 1974. *(Familias y terapia familiar.)*

Capítulo 5

1. *Postcards from the Edge (Postales desde el filo)*, película 1990.

2. Alexander Lowen, M.D., *Narcissism: Denial of the True Self*, Touchstone, Nueva York, 1985, pág. ix. *(El narcisismo: La enfermedad de nuestro tiempo.)*

3. *USA Today*, «Generation Y's Goal? (Wealth and Fame)», 10 de enero de 2007.

4. Harris Interactive, *The Supergirl Dilemma: Girls Grapple with the Mounting Pressure of Expectations,* Girls Incorporated, Nueva York, 2006, pág. 3. Véase también http://www.girlsinc.org/ic/page.php?id=2.4.30.

5. Ibíd.

6. Audrey D. Brashich, *All Made Up*, Walker, Nueva York, 2006, págs. 67-68.

7. *Only Two Percent of Women Describe Themselves as Beautiful,* artículo en www.dove.com/real_beauty/news.asp?id=566, 2004.

8. Información sobre la braquioplastia y su coste, de PlasticSurgeons.com.

9. Revista *Allure,* septiembre de 2006, pág. 118.

10. Brashich, *All Made Up,* pág. 65.

Capítulo 6

1. Según Wikipedia, Mary Marvel es una superheroína de cómic que apareció por vez primera en 1942. Es la hermana gemela de Billy Batson, el álter ego del Capitán Marvel. Mary y su hermano Billy eran huérfanos. Cuando invoca a sus poderes especiales, se transforma en una versión adulta de su difunta madre.

2. Stephanie Donaldson-Pressman y Robert Pressman, *The Narcissistic Family,* Lexington Books, Nueva York, 1994, pág. 133. *(La familia narcisista.)*

3. American Psychiatric Association, *Diagnostic and Statistical Manual of Mental Disorders,* 4.ª ed. Revisión de texto, American Psychiatric Association, Washington, 2000, pág. 717.

4. «Introduction of the Impostor Syndrome», artículo *online* en www.counseling.caltech.edu/articles/The%20Imposter%Syndrome.htm.

5. Pauline Rose Clance y Suzanne Imes, «The Impostor Phenomenon in High-Achieving Women: Dynamics and Therapeutic Intervention», *Psychotherapy Theory, Research and Practice,* vol.15, n.º 3, otoño 1978, pág. 2.

6. Marianne Williamson, *A Return to Love: Reflections on the Principles of a Course in Miracles,* HarperCollins, Nueva York, 1992, págs. 190-191. (*Volver al amor.*)

Capítulo 7

1. Margaret Drabble, *The Peppered Moth,* Harcourt, Orlando (Florida), 2001, pág. 163.

Capítulo 8

1. Eric Fromm, *The Art of Loving,* Bantam, Nueva York, 1956, pág. 50. (*El arte de amar.*)

2. Rebecca Wells, *Divine Secrets of the Ya-Ya Sisterhood,* HarperCollins, Nueva York, 1996, pág. 393. (*Clan Ya-Ya.*)

Capítulo 10

1. *Postcards from the Edge (Postales desde el filo),* película, 1990.

2. Elizabeth Kübler-Ross, *On Death and Dying,* Macmillan, Nueva York, 1969. (*Sobre la muerte y los moribundos.*)

Capítulo 11

1. Elizabeth Strout, *Amy and Isabelle,* Random House, Nueva York, 1999. (*Amy e Isabelle.*)

2. Murray Bowen, *Family Therapy in Clinical Practice,* Jason Aronson, Nueva York, 1978, pág. 539. (*La terapia familiar en la práctica clínica.*)

3. Ibíd., págs. 539-542.

4. Ann y Barry Ulanov, *Cinderella and Her Sisters: The Envied and the Envying,* The Westminster Press, Filadelfia, 1983, pág. 19.

5. James F. Masterson, M.D., *The Search for the Real Self: Unmasking the Personality Disorders of Our Age,* Free Press, Nueva York, 1990, págs. 42-46. *(La búsqueda de la verdadera personalidad.)*

Capítulo 12

1. Agnes Repplier, *The Treasure Chest,* Harper Collins, Nueva York, 1995.

2. Los conceptos de «la madre interior» y «el colapso» son ilustrados creativamente en la fascinante colección de relatos de Clarissa Pinkola Estes, en su CD, *Warming the Stone Child,* Sounds True, Boulder, Boulder (Colorado), 1990.

3. American Psychiatric Association, *Diagnostic and Statistical Manual of Mental Disorders,* American Psychiatric Association, Washington, 4.ª ed. Revisión de texto, 2000, pág. 715.

4. Ibíd., pág. 468.

5. Thomas J. Leonard, *The Portable Coach,* Scribner, Nueva York, 1998, pág. 19.

6. El doctor James Gregory es médico de familia en Gregory, Barnhart and Weingart, Thornton (Colorado).

Capítulo 13

1. Victoria Secunda, *When You and Your Mother Can't Be Friends: Resolving the Most Complicated Relationship of Your Life,* Dell, Nueva York, 1990, pág. xv.

2. Murray Bowen, *Family Therapy in Clinical Practice,* Jason Aronson, Nueva York, 1978, pág. 534. *(La terapia familiar en la práctica clínica.)*

3. Mountain States Employers Council Inc. definen estas categorías en el folleto *Generations: Working Together,* pág. 6.

4. Lewis Smedes, *Shame and Grace: Healing the Shame We Don't Deserve,* HarperCollins, San Francisco, 1993.

5. Henry Nouwen, *The Only Necessary Thing,* Crossroad, Nueva York, 1999.

Capítulo 14

1. Alice Miller, entrevista *online*, 2006: www.alice-miller.com/interviews_en.php?page=2.

2. Elan Golomb, *Trapped in the mirror: Adult Children of Narcissists in Their Struggle for Self,* William Morrow, Nueva York, 1992, pág. 199. *(Atrapada en el espejo.)*

3. American Psychiatric Association, *Diagnostic and Statistical Manual of Mental Disorders,* American Psychiatric Association, Washington, 4.ª ed. Revisión de texto, 2000, pág. 717.

Listas de lecturas
y películas recomendadas

LIBROS

Adams, Alice, *Almost Perfect*, Washington Square Press, Nueva York, 1993.

Agnew, Eleanor y Robideaux, Sharon, *My Mama's Waltz*, Pocket Books, Nueva York, 1998.

Apter, Terri, *You Don't Really Know Me: Why Mothers and Daughters Fight and How Both Can Win*, Norton, Nueva York, 2004.

Bassoff, Evelyn, *Mothers and Daughters: Loving and Letting Go*, New American Library, Nueva York, 1988.

Beattie, Melody, *Beyond Codependency: And Getting Better All the Time*, Hadelzen Foundation, Center City (Minnesota), 1989.

—, *Codependent No More: How to Stop Controlling Others and Start Caring for Yourself*, Harper and Row, Nueva York, 1987. *(Codependencia nunca más.)*

Beren Phyllis, *Narcissistic Disorders in Children and Adolescent*, Jason Aronson. Northvale (Nueva Jersey), 1998.

Bowlby, John, *A Secure Base: Parent-Child Attachment and Healthy Human Development*, Harper Collins, Londres, 1998. (*Una base segura: Aplicaciones clínicas de una teoría del apego.*)

Boynton, Marilyn, y Mary Dell, *Goodbye Mother Hello Woman: Reweaving the Daughter Mother Relationship*, New Harbinger, Oakland (California), 1995.

Brashich, Audrey D., *All Made Up: A Girl's Guide to Seeing Through Celebrity Hyle... and Celebrating Real Beauty*, Walker, Nueva York, 2006.

Brenner, Helene G., *I Know I'm in There Somewhere: A Woman's Guide to Finding Her Inner Voice and Living a Life of Authenticity*, Penguin, Nueva York, 2003.

Brown, Byron, *Soul Without Shame: A Guide to Liberating Yourself from the Judge Within*, Shambhala, Boston, 1999. *(Alma libre de vergüenza: una guía para liberarte de tu juez interior.)*

Brown, Nina W., *Loving the Self-Absorbed: How to Create a More Satisfying Relationship with a Narcissistic Partner*, New Harbinger, Oakland (California), 2003.

—, *Children of the Self-Absorbed: A Grown-Up's Guide to Getting Over Narcissistic Parents*, New Harbinger, Oakland (California), 2001.

Campbell, W. Keith, *When You Love a Man Who Loves Himself*, Sourcebooks, Naperville (Illinois), 2005.

Carter, Steven, y Julia Sokol, *Help! I'm in Love with a Narcissist*, M. Evans, Nueva York, 2005.

Chesler, Phyllis, *Woman's Inhumanity to Woman*, Avalon, Nueva York, 2001.

Cloud, Townsend, *The Mom Factor*, Zondervan, Grand Rapids (Michigan), 1996.

Colman, Andrew M., *Oxford Dictionary of Psychology*, Oxford University Press, Nueva York, 2001.

Corkille Briggs, Dorothy, *Celebrate Your Self: Making Life Work for You*, Doubleday, Nueva York, 1977.

Cowan, Connell, y Melvyn Kinder, *Smart Women, Foolish Choices: Finding the Right Men, Avoiding the Wrong Ones*, Signet, Nueva York, 1985.

Debold, Elizabeth, Wilson, Marie y Malavé, Idelisse, *Mother Daughter Revolution: From Good Girls to Great Women*, Bantam, Nueva York, 1994. *(La revolución en las relaciones madre e hija.)*

Delinsky, Barbara, *For My Daughters,* Harper Collins, Nueva York, 1994.

Donaldson-Pressman, Stephanie, y Robert M. Pressman, *The Narcissistic Family,* Lexington Books, Nueva York, 1994.

Drabble, Margaret, *The Peppered Moth,* Harcourt, Orlando (Florida), 2001.

Edelman, Hope, *Motherless Daughters,* Addison-Wesley, Nueva York, 1995.

Elium, Don, y Jeanne Elium, *Raising a Daughter: Parents and the Awakening of a Healthy Woman,* Celestial Arts, Berkeley (California), 1994.

Ellis, Albert, y Robert, A. Harper, *A Guide to Rational Living,* Wilshire, Chatsworth (California), 1974. *(Una nueva guía para una vida racional.)*

Fenchel, Gerd H., *The Mother-Daughter Relationship: Echoes Through Time,* Jason Aronson, Northvale (Nueva Jersey), 1998.

Flook, Marie, *My Sister Life,* Random House, Nueva York, 1998.

Forrest, Gary G., *Alcoholism, Narscissism and Pshychopathology,* Jason Aronson, Northvale (Nueva Jersey), 1994.

Forward, Susan, *Toxic Parents: Overcoming Their Hurtful Legacy and Reclaiming Your Life,* Batman, Nueva York, 1989.

Fox, Paula, *Borrowed Finery,* Henry Holt, Nueva York, 1999. *(Elegancia prestada: memorias.)*

Friday, Nancy, *My Mother, My Self: The Daughter's Search for Identity,* Dell, Nueva York, 1977. *(Mi madre yo misma.)*

Golomb, Elan, *Trapped in the Mirror: Adult Children of Narcissists in Their Struggle for Self,* William Morrow, Nueva York, 1992. *(Atrapada en el espejo.)*

Herst, Charney, *For Mothers of Difficult Daughters: How to Enrich and Repair the Bond in Adulthood,* Random House, Nueva York, 1998.

Hirigoyen, Marie-France, *Stalking the Soul: Emotional Abuse and the Erosion of Identity,* Helen Marx Books, Nueva York, 2000.

Hotchkiss, Sandy, *Why Is It Always About You? Saving Yourself from the Narcissists in Your Life,* Simon & Schuster, Nueva York, 2002.

Judd, Wynonna, *Coming Home to Myself,* Penguin, Nueva York, 2005.

Karen, Robert, *Becoming Attached: First Relationships and How They Shape Our Capacity to Love,* Warner, Nueva York, 1994.

Kieves, Tama, *This Time I Dance! Trusting the Journey of Creating the Work You Love,* Penguin, Nueva York, 2002.

Lachkar, Joan, *The Many Faces of Abuse: Treating the Emotional Abuse of High-Functioning Women,* Jason Aronson, Northavale (Nueva Jersey), 1998.

—, *The Narcissistic/Borderline Couple: The Psychoanalytic Perspective on Marital Treatments,* Brunner/Mazel/ Filadelfia (Pensilvania), 1992.

Lazarre, Jane, *The Mother Knot,* Dell, Nueva York, 1976.

Lowen, Alexander, *Narcissism: Denial of the True Self,* Touchstone, Nueva York, 1985. *(El narcisismo: La enfermedad de nuestro tiempo.)*

Masterson, James F., *The Search for the Real Self: Unmasking the Personality Disorders of Our Age,* Simon & Schuster, Nueva York, 1988.

Meadow, Phyllis W., y Spotnitz Hyman, *Treatment of the Narcissistic Neurosis,* Jason Aronson, Northvale (Nueva Jersey), 1995.

Michaels, Lynn, *Mother of the Bride,* Ballantine, Nueva York, 2002.

Miller, Alice, *The Drama of the Gifted Child: The Search for the True Self,* Harper Collins, Nueva York, 3.ª ed., 1996. *(El drama del niño dotado y la búsqueda del verdadero yo.)*

Minuchin, Salvador, *Families and Family Therapy,* Harvard University Press, Cambridge (Massachusetts), 1996. *(Familias y terapia familiar.)*

Morrison, Andrew P., *Essential Papers on Narcissism,* New York University Press, Nueva York, 1986.

Northrup, Christiane, *Mother-Daughter Wisdom: Understanding the Crucial Link Between Mothers, Daughters and Health,* Bantam Doubleday Dell, Nueva York, 2005. *(Madres e hijas: sabiduría para una relación que dura toda la vida.)*

Norwood, Robin, *Women Who Love Too Much: When You Keep Wishing and Hoping He'll Change,* Simon & Schuster, Nueva York, 1985. *(Mujeres que aman demasiado.)*

O'Neill, Eugene, *Long Day's Journey Into Night,* Yale University Press, New Haven (Connecticut), 1956. *(Largo viaje hacia la noche.)*

Peck, M. Scott, *People of the Lie: The Hope for Healing Human Evil,* Simon & Schuster, Nueva York, 1983.

Pipher, Mary, *Reviving Ophelia: Saving the Selves of Adolescent Girls,* Ballantine, Nueva York, 1994.

Richo, David, *How to Be an Adult in Relationships: The Five Keys to Mindful Loving,* Shambhala, Boston, 2002.

Robinson, Marilynne, *Housekeeping,* Farrar, Straus and Giroux, Nueva York, 1980. *(En casa.)*

Schiraldi, Glenn R., *The Post-Traumatic Stress Disorder Source Book: A Guide to Healing, Recovery and Growth,* McGraw Hill, Nueva York, 2000.

Secunda, Victoria, *When Madness Comes Home: Help and Hope for Children, Siblings and Partners of the Mentally Ill,* Hyperion, Nueva York, 1997.

—, *When You and Your Mother Can't Be Friends: Resolving the Most Complicated Relationship of Your Life,* Dell, Nueva York, 1990.

Snyderman, Nancy, y Peg Streep, *Girl in the Mirror: Mothers and Daughters in the Years of the Adolescense,* Hyperion, Nueva York, 2002.

Solomon, Marion F., *Narcissism and Intimacy: Love and Marriage in an Age of Confusion,* W. W. Norton, Nueva York, 1992.

Sprinkle, Patricia H., *Women Who Do Too Much: How to Stop Doing It All and Start Enjoying Your Life,* Zondervan, Grand Rapids (Michigan), 1992.

Stansbury, Nicole, *Places to Look for a Mother,* Carroll & Graf, Nueva York, 2002.

Stone, Hal, y Sidra Stone, *Embracing Your Inner Critic,* HarperCollins, Nueva York, 1993.

Ulanov, Ann y Barry, *Cinderella and Her Sisters: The Envied and the Envying,* Westminster Press, Filadelfia, 1983.

Viorst, Judith, *Necessary Losses: The Loves, Illusions, Dependencies and Impossible Expectations That All of Us Have to Give Up in Order to Grow,* Ballantine, Nueva York, 1986. *(Pérdidas necesarias.)*

Wells, Rebecca, *Divine Secrets of the Ya-Ya Sisterhood,* Harper Collins, Nueva York, 1996. *(Clan Ya-Ya.)*

Wilde, Oscar, *The Picture of Dorian Gray,* Barnes and Noble, Nueva York, 1995. *(El retrato de Dorian Gray.)*

Williams, Tennessee, *The Glass Menagerie,* Random House, Nueva York, 1945. *(El zoo de cristal.)*

Williamson, Marianne, *A Woman's Worth,* Random House, Nueva York, 1993. *(El valor de lo femenino.)*

Wurmser, Leon, *The Mask of Shame,* Jason Aronson, Northvale (Nueva Jersey), 1995.

Yudofsky, Stuart C., *Fatal Flaws: Navigating Destructive Relationships with People with Disorders of Personality and Character,* American Psychiatric Publishing, Arlington (Virginia), 2005. *(Defectos fatídicos: manejar las relaciones destructivas con trastornos de la personalidad y del carácter.)*

PELÍCULAS Y DIRECTORES
(LA MAYORÍA ESTÁN DISPONIBLES
EN VIDEOCASETES O DVD)

Baby Boom, 1987, de Charles Shyer.

Beaches, 1988, de Garry Marshall *(Eternamente amigas)*.

Because I Said So, 2007, de Michael Lehmann *(¡Porque lo digo yo!)*.

Divine Secrets of the Ya-Ya Sisterhood, 2002, de Callie Khouri *(Divinos secretos)*.

Georgia Rule, 2007, de Garry Marshall *(Lo dice Georgia)*.

Gia, 1998, de Michael Cristofer.

Gypsy, 1962, de Mervyn LeRoy.

Mermaids, 1990, de Richard Benjamin *(Sirenas)*.

Miss Potter, 2006, de Chris Noonan.

Mommie Dearest, 1981, de Frank Perry *(Querídisima mamá)*.

Mona Lisa Smile, 2003, de Mike Newell *(La sonrisa de Mona Lisa)*.

Ordinary People, 1980, de Robert Redford *(Gente corriente)*.

Pieces of April, 2003, de Peter Hedges *(Retrato de April)*.

Postcards from the Edge, 1990, de Mike Nichols *(Postales desde el filo)*.

Prozac Nation, 2003, de Erik Skjoldbjaerg.

Something to Talk About, 1995, de Lasse Hallstrom *(Algo de que hablar)*.

Terms of Endearment, 1983, de James L. Brooks *(La fuerza del cariño)*.

The Devil Wears Prada, 2006, de David Frankel *(El Diablo viste de Prada)*.

The Mother, 2003, de Roger Mitchell.

The Other Sister, 1999, de Garry Marshall *(La otra hermana)*.

The Perfect Man, 2005, de Mark Rosman *(El hombre perfecto)*.

White Oleander, 2002, de Peter Kosminsky *(La flor del mal)*.